Marc Beise | Lutz Diederichs (Hg.)

Hoffnung Mittelstand

Marc Beise | Lutz Diederichs (Hg.)

Hoffnung Mittelstand

Wie Familienunternehmen den
Standort Deutschland sichern

REDLINE | VERLAG

Bibliografische Information der Deutschen Nationalbibliothek
Die Deutsche Nationalbibliothek verzeichnet diese Publikation in der Deutschen Nationalbibliografie. Detaillierte bibliografische Daten sind im Internet über http://dnb.d-nb.de abrufbar.

ISBN 978-3-86881-021-9

Expertenforum Mittelstand, eine Initiative von Süddeutscher Zeitung und HypoVereinsbank
www.expertenforum-mittelstand.de

www.redline-verlag.de

Redaktion: Andreas Kobschätzky, Dießen
Realisation: Ariadne Buch, Christine Proske
Lektorat: Michael Schickerling, München
Umschlaggestaltung: Vierthaler und Braun, München
Umschlagabbildung: getty images
Satz: Jürgen Echter, Landsberg am Lech
Printed in Germany

Inhalt

Ulrich Schäfer

Vorwort: Die Globalisierung schlägt zurück

Die Krise begann auf der anderen Seite des Atlantiks. In den amerikanischen Vorstädten, in Florida, Michigan und Kalifornien. Sie war anfangs ganz weit weg. Ein amerikanisches Problem, kein deutsches. Und schon gar nicht ein Problem des deutschen Mittelstands. Doch zwei Jahre nach ihrem Beginn trifft die Krise, die anfangs eine Subprime-Krise war, dann eine Kreditkrise, später eine Banken- und Finanzkrise und schließlich eine globale Wirtschaftskrise, nun auch die mittelständischen Unternehmen in Deutschland. Diese Unternehmen haben kein Konto bei Lehman Brothers, sie haben meist keine komplizierten Derivate bei einer Investmentbank gekauft, sie haben nicht mitgezockt im globalen Casino der Finanzmärkte – aber sie bekommen dennoch die Folgen dieser Krise zu spüren. Denn der deutsche Mittelstand ist, ebenso wie die bundesrepublikanische Volkswirtschaft als Ganzes, längst Teil einer weltumspannenden Wirtschaft geworden.

Der Exportweltmeister Deutschland steht nicht nur für Volkswagen und BMW, BASF und Bayer, Adidas und MAN. Gerade die vielen mittelständischen Unternehmen, die Maschinen- und Anlagenbauer, die Experten für Umwelt- und Biotechnologie, die Spezialisten für den Hoch- und Tiefbau sowie Unternehmen aus vielen anderen Branchen haben dazu beigetragen, dass »Made in Germany« einen solch exzellenten Ruf in der ganzen Welt genießt. Sie haben als »Hidden Champions«, als unbekannte, aber erfolgreiche Weltmeister, von der Globalisierung profitiert.

Doch nun schlägt die Globalisierung zurück: Was in den vergangenen Jahren zum Erfolg geführt hat – die Präsenz auf allen wichtigen Weltmärkten, das Entstehen eines weltumspannenden Kunden- und Zulieferernetzes, in das auch viele deutsche Mittelständler eingebunden waren –, erweist sich nun als Problem. Denn nicht nur in den Vereinigten Staaten und Europa brechen die Wachstumsraten ein, sondern auch in Asien und Lateinamerika. Die Kunden in Moskau, Dubai, Singapur oder Baltimore – sie alle ordern weniger, sie alle halten aus Furcht vor einer scharfen Rezession ihr Geld zusammen.

Hinzu kommt ein Problem, das nicht nur die global operierenden Firmen trifft, sondern alle Mittelständler: Auch viele Banken horten ihr Geld. Manche vergeben nicht mehr so bereitwillig Kredite wie früher, andere fordern höhere Sicherheiten oder zögern die Verhandlungen hinaus. Dabei hat die Bundesregierung den Kreditinstituten im Herbst 2008 die sagenhafte Summe von 500 Milliarden Euro bereitgestellt, um die Kreditvergabe wieder in Gang zu bringen, die infolge der Krise nahezu zusammengebrochen war. Die Europäische Notenbank hat zudem massiv die Zinsen gesenkt. Doch aus Furcht, es könne alles noch schlimmer kommen, sitzen viele Geldmanager sprichwörtlich auf ihrem Kapital. Sie sichern mit staatlicher Hilfe ihre Institute, aber sie tun, so klagen viele mittelständische

Unternehmer, zu wenig, um auch den Rest der Wirtschaft zu sichern. Deshalb versucht der Staat – vor allem in den Vereinigten Staaten, aber auch in Deutschland und anderswo –, mit staatlichen Konjunkturprogrammen die Wirtschaft zu stützen.

Die Politik ist damit ausgerechnet im Wahljahr 2009 zu einem entscheidenden Spieler in der Wirtschaft geworden. Gelingt es den Verantwortlichen in Parlament und Regierung, die allgegenwärtige Angst der Akteure zu vertreiben? Schafft der Staat es, den Geldkreislauf wieder in Gang zu bringen? Hat er Erfolg mit seinen Versuchen, die Konjunktur anzukurbeln? Oder übernimmt er sich dabei? Lädt er sich zu hohe Schulden auf, die später abgetragen werden müssen – im Zweifel durch höhere Steuern? Und verlieren die Politiker bei ihren hektischen Rettungsaktionen womöglich jene Maßnahmen aus den Augen, die langfristig erforderlich sind, damit die Wirtschaft floriert und das Wachstum sich dauerhaft auf einem hohen Niveau bewegt?

All diese Fragen bewegen auch viele Mittelständler, weshalb die Süddeutsche Zeitung und die HypoVereinsbank diese auch zum Gegenstand ihres Expertenforums Mittelstand im Wahljahr 2009 gemacht haben. Es trägt den Titel: »Politik trifft Wirtschaft – Standort Deutschland. Internationale Märkte. Gesellschaftliche Verantwortung«. Diesem Themenkreis widmet sich auch das vorliegende Buch. Es zeigt anhand zahlreicher Beiträge auf, wie sehr die globale Krise den deutschen Mittelstand trifft – und was die Politik für die Unternehmen tatsächlich tut, die das Rückgrat der deutschen Wirtschaft bilden. Es hinterfragt, was die Parteien versprechen – und was eigentlich notwendig wäre. Es erklärt, wie sehr sich die Wirtschaft durch die Krise verändert – und welche Herausforderungen die großen und kleinen Betriebe des Mittelstands in den nächsten Jahren meistern müssen. Denn eines ist sicher: Der Mittelstand wird im Jahr 2009 in jeder Wahlrede vorkommen. Politiker aller Parteien werden um ihn werben. Sie werden davon reden, wie wichtig er für das Wohlergehen des Landes ist, und sie werden versprechen, viel für ihn zu tun. Doch tun sie auch genug? Es sind insbesondere drei Herausforderungen, um die es geht.

Erste Herausforderung: Der Standort Deutschland

Die Bundesrepublik hat nach dem Zusammenbruch der New Economy eine neue Wachstumsdynamik entwickelt, eine Dynamik, die lange nicht für möglich gehalten wurde. Die Reformen der rot-grünen Regierung haben dazu beigetragen, vor allem aber die Unternehmen selbst. Sie haben ihre Arbeitsabläufe neu organisiert, die Kosten gesenkt und ihre Mitarbeiter dort eingesetzt, wo sie am wertvollsten sind. Im internationalen Vergleich haben die deutschen Unternehmen aufgeholt, die Franzosen werfen den Deutschen sogar vor, sie hätten mit ihrer Kostendrückerei bei den Löhnen einen »Abwertungswettlauf« eingeleitet. In den nächsten Jahren wird es am Standort Deutschland vor allem darum gehen, die Erfolge der letzten Jahre – so weit dies in einer globalen Krise geht – zu sichern und auszubauen. Den Unternehmen wird dies aber nur gelingen, wenn die Zuversicht der Kunden und Lieferanten nicht vollends verloren geht. Schließlich wusste schon Ludwig Erhard, der Vater des deutschen Wirtschaftswunders, dass wirtschaftspolitischer Erfolg zur Hälfte auf Psychologie beruht. Und ein zweites kleines Wirtschaftswunder wird notwendig sein, um die schwerste Wirtschaftskrise seit dem Zweiten Weltkrieg zu überwinden.

Zweite Herausforderung: Die internationalen Märkte

Wenn die Wirtschaft weltweit ins Trudeln gerät, wenn sich die Rezession auf dem gesamten Erdball ausbreitet, dann wird es nicht nur für Konzerne, sondern auch für Mittelständler schwerer, sich auf fremden Märkten zu behaupten. Jene Regionen, denen bis vor Kurzem noch die Zukunft gehörte – vor allem Asien und ganz besonders China und Indien –, leiden ebenfalls unter dem globalen Abschwung. Sie entwickeln sich in den nächsten Jahren möglicherweise nicht mehr so dynamisch, wie es die Wirtschaftspropheten vorausgesagt haben. Einerseits wird das die internationale Expansion des deutschen Mittelstands hemmen, andererseits bietet der Umbruch der Weltwirtschaft aber auch neue Chancen. Gerade jetzt gilt das von dem großen Ökonomen Joseph Schumpeter entwickelte Diktum der »schöpferischen Zerstörung«. Welche schöpferischen Chancen sich dabei auf den internationalen Märkten bieten, wird ganz entscheidend davon abhängen, wie die Politik auf die Krise reagiert. Verfallen die Industriestaaten in einen neuen Wirtschaftsnationalismus? Schotten sie sich ab? Schützen sie allein die heimische Industrie? Und folgen ihnen dabei auch noch die Schwellenländer? Nichts wäre schlimmer als ein Rückfall in den Protektionismus – ein Fehler, der vor acht Jahrzehnten zur Großen Depression der Weltwirtschaftskrise beigetragen hat.

Dritte Herausforderung: Die gesellschaftliche Verantwortung

Der öffentliche Ruf der Wirtschaftsführer hat in den letzten Jahren stark gelitten und die Krise hat ihn weiter beschädigt. Denn es war vor allem die Gier von Managern und Fondsverwaltern, die zur Finanzkrise geführt hat. Plötzlich wollten alle eine Rendite von 25 Prozent und mehr erzielen. Die Saläre der deutschen Konzernmanager haben in den letzten Jahren deutlich zugelegt, weit schneller als die Gehälter ihrer Beschäftigten. Zugleich wurden immer wieder Fälle publik, in denen hochdotierte Manager profitable Fabriken geschlossen oder sie durch riskante Entscheidungen in den Ruin getrieben haben. Manche erklärten das schulterzuckend damit, dass die Finanzmärkte derartiges von ihnen verlangten, sie also nicht anders könnten. Mehr denn je stellt sich daher die Frage, welche Verantwortung eigentlich Unternehmensführer für ihre Beschäftigten – und welche Verantwortung sie gegenüber der Gesellschaft als Ganzes haben. Reicht es aus, allein den Gewinn zu steigern? Oder liegt der gesellschaftliche Mehrwert eines Unternehmens nicht auch darin, dass es möglichst viele neue Jobs schafft und sich so gut es geht um seine Beschäftigten kümmert? Der Mittelstand galt bei dieser

Fragestellung lange als Positivbeispiel, das man dem Konzernmanager entgegenhalten konnte. Der Familienunternehmer, so lautete das gängige Argument, wisse nun einmal eher, was seine Leute bewegt. Doch stimmt das wirklich? Oder gibt es nicht auch im Mittelstand Firmenchefs, denen es nur um den kurzfristigen Gewinn geht?

Dieses Buch sucht nach Antworten auf die genannten Fragen. Es kann sie nicht alle liefern, aber es will einen Beitrag leisten zu einer Debatte, die im Wahljahr 2009 – und darüber hinaus – von entscheidender Bedeutung ist. Denn nur wenn Politik und Wirtschaft sich tatsächlich treffen, wenn sie miteinander reden und gemeinsam nach Lösungen suchen, werden sie die richtigen Antworten auf die Krise finden.

Marc Beise

Zwischen Staat und Markt: Wie die Parteien Deutschland retten wollen

Die Genugtuung der Politiker ist nicht zu übersehen. Sie bricht sich Bahn bei jeder öffentlichen Rede und bei jedem Talkshow-Auftritt. Auch wenn sie manchmal anderes vorgeben, den Ruf der Wirtschaft nach Hilfe hören Politiker gern; es ist allemal angenehmer, sich gebraucht zu fühlen (und sei es für besonders schwierige und unangenehme Aufgaben), als für überflüssig erklärt zu werden. Ihre Hilfsangebote garnieren sie dann je nach Temperament mit gönnerhaften Gesten, mit Buhlen um Dankbarkeit oder mit zynischen Kommentaren.

Die deutschen Spitzenmanager können mit diesem Habitus leben. Sie sind einerseits den geschmeidigen Umgang mit der Politik gewohnt und ziehen andererseits aus der Größe ihrer Unternehmen und dem eigenen Millionengehalt ausreichend Selbstbewusstsein, den Politikern ihren kleinen Triumph zu gönnen. »It's pay day«, sagt ein Konzernchef im vertraulichen Gespräch, »lange haben wir die Politiker für dumm und inkompetent erklärt. Jetzt zahlen sie es uns heim.«

Weniger gelassen sind manche Mittelständler. Sie sehen die Expansion des Staates in den Bereich der Wirtschaft kritisch und sind auch mit den konkreten Maßnahmen der Politik alles andere als einverstanden. Drei Reaktionen auf das zweite Konjunkturpaket der Großen Koalition sollen diesen Zwiespalt belegen.

Unmittelbar nach dem nächtlichen Koalitionsbeschluss vom 12. Januar 2009 reagierte der Hauptgeschäftsführer des Bundesverbands der Deutschen Industrie (BDI), Werner Schnappauf (früher CSU-Minister in Bayern), in der Pressemitteilung PM 03/2009 mit den Worten: »Der Beschluss der Koalition kommt zur rechten Zeit. Die Schwerpunkte sind richtig gesetzt, soweit es um verstärkte Investitionen und Entlastungen für Bürger und Unternehmen geht. Es ist vernünftig, dass die Bundesregierung mit mehr Investitionen und mehr Netto gegen die Rezession vorgeht. Jede Maßnahme muss jetzt schnell wirken und helfen, Deutschland langfristig auf einen höheren Wachstumspfad zu bringen. Der Gesetzgeber sollte das Maßnahmenpaket möglichst schnell beschließen, damit es wirken kann – nach dem Motto: Wer schnell hilft, hilft doppelt. Entscheidend für die deutsche Wirtschaft ist, im Kampf gegen die Wirtschaftkrise die Leistungsträger unserer Gesellschaft zu stärken. Es kommt darauf an, dass die auch die Unternehmen erreichen, die in den kommenden Monaten die Arbeitsplätze sichern und den Aufschwung bewerkstelligen müssen – das muss der Maßstab aller Dinge sein. Mit dem verbindlichen Bekenntnis zur Schuldenbremse ist die Koalition auf dem richtigen Weg, in konjunkturell besseren Zeiten die Staatsverschuldung abzubauen.«

Mancher Mittelständler fragt sich indes schon jetzt, ob es der Staat bisher jemals geschafft hat, wieder einzusparen, was er zuvor spendiert hatte. »Die Koalition ist zu kurz gesprungen«, sagte deshalb Patrick Adenauer, Bauunternehmer in Köln und Präsident des Verbands Die Familienunternehmer – Arbeitsgemeinschaft Selbstständiger Unternehmer (ASU). »Dieses Konjunkturpaket stärkt zu wenig das Immunsystem der Unternehmen und setzt zu wenig Wachstumsimpulse. Wenn weltweit die Märkte einbrechen, ist es für unsere exportabhängige deutsche Wirtschaft sicherlich richtig, auch die Nachfrageseite zu stärken. Doch die Beschlüsse der Koalition gleichen einem Konfetti von kurzfristigen Wahlgeschenken. Da ist kein roter Faden zu erkennen, der zu einem nachhaltigen Wachstum führt. Positiv ist das staatliche Investitionsprogramm, auch wenn es nur wenige Branchen stabilisiert. Was uns Familienunternehmern vor allem fehlt, sind Maßnahmen, welche die Eigenkapitalbildung der Unternehmen stärken, zum Beispiel Korrekturen bei der Unternehmenssteuer. Damit man verbürgte Kredite nachfragt, braucht es Anreize für Investitionen wie vernünftige Abschreibungsfristen. Die Kosten für bisherige Rettungs- und Konjunkturpakete sind immens. Wir Steuerzahler werden nach der Krise die Zeche zahlen müssen. Daher fordern wir Familienunternehmer von den Politikern in Bundestag und Bundesrat, das Konjunkturpaket mit einer wirkungsvollen Schuldenbremse im Grundgesetz zu verknüpfen. Nur so werden wir für die nächste Wirtschaftskrise besser aufgestellt sein.« So Adenauer.

Und Petra Ledendecker, die Präsidentin des Verbands deutscher Unternehmerinnen (VdU), nannte es »geradezu einen Skandal, dass die Bundesregierung unter dem Namen ›Kredit- und Bürgschaftsprogramm‹ einen Rettungsschirm für Großunternehmen aufspannt, weil die Banken trotz des 500-Milliarden-Euro-Rettungspakets vom Herbst ihrer Aufgabe, Kredite an Unternehmen zu vergeben, nicht ausreichend nachkommen. Mit neuerlich großem finanziellem Aufwand wird auf Kosten der heutigen und zukünftigen Steuerzahler vor allem die Finanzbranche gestützt. Angesichts dessen stellt sich mir die Frage, ob die Politiker aus den letzten Wochen die richtigen Konsequenzen gezogen haben. Wenn man vom größten Konjunkturpaket der Nachkriegsgeschichte spricht, sind die Ergebnisse für Mittelstand und Mittelschicht wieder einmal entgegen allen vorangegangenen Ankündigungen enttäuschend. Die von der Bundesregierung beschlossenen Entlastungen bei Steuern und Sozialabgaben gehen zwar in die richtige Richtung, aber leider nicht weit genug und sind nicht konsequent genug. Die mittleren Einkommen erfahren wegen bisher fehlender Konzepte zur Abschaffung der kalten Progression zu wenig Entlastung und die mittelständischen Unternehmen bleiben die Stiefkinder der Wirtschaftspolitik. Deshalb besteht unsere Forderung nach einer strukturellen Steuerreform nicht nur angesichts der aktuellen Wirtschaftskrise nach wie vor.«

Mit dem Ausbruch der Finanzkrise hat sich das politisch-wirtschaftliche Koordinatensystem verschoben und wirbelt die Akteure und Kommentatoren aus der Wirtschaft durcheinander. Der Staat wird gebraucht. Aber wie viel Staat darf sein, wie viel Staat kann sein, wie viel Staat muss sein?

Die Hilfen der Politik für den Wirtschaftsstandort Deutschland lassen sich in folgende Kategorien einordnen: akute

Maßnahmen gegen die Ausweitung der Finanzkrise (wozu die Rettungspakete für die Banken gehören), Maßnahmen zur Ankurbelung der Konjunktur und Forderungen zur allgemeinen Wirtschaftspolitik mit längerfristiger Weichenstellung. Je konkreter und kurzfristiger die Hilfe ist, desto mehr Einigkeit besteht unter den Parteien und auch in der Beurteilung durch die Mehrheit der Wirtschaftsexperten. Je nachhaltiger die Maßnahmen angelegt sind, desto mehr politischer Streit bleibt. Insgesamt argumentieren Union und FDP freiheitlicher, SPD und Grüne regulatorischer – und die Linkspartei beerdigt freudig die von ihr ohnehin beklagten »Irrtümer des Neoliberalismus«.

Finanzkrise: Was die Politik tut …

Mit der Entscheidung der amerikanischen Regierung vom 15. September 2008, der havarierten US-Investmentbank Lehman Brothers die Rettung zu verweigern, ist das Weltfinanzsystem aus den Fugen geraten. Die Folgen auf den internationalen Kreditmärkten waren massiv, genau wie der Verlust an Vertrauen. Vor diesem Hintergrund fand die deutsche Politik nach kurzem Zögern zu einem spektakulären, in dieser Form noch nicht da gewesenen Schulterschluss. Um die von den Experten befürchtete »Kernschmelze« des Finanzsystems zu verhindern, den panikhaften »Bank-Run« der Sparer und Anleger auf ihre Einlagen, gaben die Bundeskanzlerin Angela Merkel (CDU) und ihr wichtigster Mitstreiter, Bundesfinanzminister Peer Steinbrück (SPD) am Sonntag, den 5. Oktober zunächst ein – rechtlich fragwürdiges – Versprechen ab: »Wir sagen den

Sparerinnen und Sparern, dass ihre Einlagen sicher sind. Auch dafür steht die Bundesregierung ein.« Dann folgte im Rekordtempo von einer Woche ein Gesetz über einen »Rettungsschirm« von insgesamt bis zu 500 Milliarden Euro für Not leidende Finanzinstitutionen. Beide Maßnahmen wurden cum grano salis von allen Parteien im Deutschen Bundestag mitgetragen, selbst die Linkspartei stellte die Notwendigkeit solcher Garantiebeschlüsse grundsätzlich nicht infrage, wenn sie sich auch vom Konsens der anderen Parteien demonstrativ entfernt hielt.

Das Ziel dieses gigantischen Rettungspakets, dessen Summe »die Vorstellungskraft des normalen Bürgers übersteigt« (Steinbrück), war – ähnlich wie früher zu Zeiten des Kalten Krieges die atomare Erstschlagsdoktrin –, eine Extremsituation zu verhindern, die nach der Logik des Systems einfach nicht eintreten darf. Für den Fall, dass sie aber doch eintritt, fehlt den Akteuren jede Vorstellung, was dann zu tun wäre. Wie die 500 Milliarden Euro zu finanzieren wären, wenn sie denn wirklich vollständig gebraucht würden (wovon die verantwortlichen Politiker nicht ausgehen), und wie im Fall des Falles die Garantie der Sparguthaben umgesetzt werden würde – all das war von Anfang an völlig offen. Zunächst jedenfalls konnte man beobachten, dass das staatliche Garantieversprechen, das sich in zahlreiche ähnlich gelagerte Maßnahmen rund um den Globus einfügte, griff: großes Aufatmen bei allen Akteuren. Und nur ganz zaghafte Hinweise einiger Experten, dass der Staat eine so gigantische Verschuldung am Ende nur über eine womöglich dramatische Geldentwertung wird bereinigen können.

… und was die Politik fordert

In einem weiteren Schritt fordern die Parteien – unterschiedlich konkret formuliert – Konsequenzen aus dem Fehlverhalten der Finanzakteure. Einig sind sie sich darin, dass »die weltweite Finanzwirtschaft einer strengeren Kontrolle unterworfen werden muss«, so eine offizielle Formulierung der Kanzlerpartei CDU. Bei der SPD hat die Projektgruppe des Parteivorstands »Mehr Transparenz und Stabilität auf den Finanzmärkten« im Oktober 2008 einen Bericht unter dem Titel *Eine neue Balance von Markt und Staat: Verkehrsregeln für die internationalen Finanzmärkte* vorgelegt. »Wir brauchen eine Hinwendung zu einer Kultur der Nachhaltigkeit auch an den Finanzmärkten.« Allerdings gehe es nicht darum, »internationale Finanzinvestoren pauschal zu verurteilen«, schränkt die CDU sofort ein. »Wer jetzt die Heuschrecken-Debatte wieder aufleben lassen will, hat die Zeichen der Zeit nicht verstanden. Denn Deutschland braucht auch in Zukunft Investitionen aus dem Ausland.«

Jedenfalls die etablierten Parteien bestreiten nicht, dass man auch in Zukunft neue Finanzprodukte brauchen wird. »Diese müssen aber zertifiziert und geprüft werden. Wir brauchen Instanzen, die diese Produkte einer objektiven Bewertung unterziehen, bevor sie auf den Markt kommen« (CDU). Verbreitet ist die Forderung nach schärferen Bilanzierungsregeln, einer besseren europäischen und internationalen Finanzmarktaufsicht sowie einem neuen Ordnungsrahmen für Rating-Agenturen. Dass Bewertungsfirmen wie Moody's und Standard & Poor's durch falsche Bewertungen die Krise mit ausgelöst haben, gilt als Allgemeingut. Namentlich die Bundesregierung hat auch auf internationaler Ebene seit Längerem gegen die internationalen Rating-Gesellschaften opponiert und war damit bei der amerikanischen und der britischen Regierung abgeblitzt – worauf sie im Nachhinein gern hinweist. Die Errichtung einer europäischen Rating-Agentur als Gegengewicht zu den bislang allein in den USA existierenden Agenturen wird allenthalben gefordert – allerdings nicht prioritär vorangetrieben.

So fordert beispielsweise die SPD, dass die aufsichtsrechtlichen Liquiditätsvorschriften ausgebaut werden, Liquiditätsrisiken stärker berücksichtigt, Liquiditätspuffer geschaffen, Stresstests optimiert werden und die Aufsicht besser einbezogen wird. Ebenso müssten die Eigenkapitalanforderungen deutlich steigen: »Wir fordern Mindesteigenkapitalquoten. Das gilt nicht zuletzt für Kredite an Hedge-Fonds, für die zukünftig mindestens 40 Prozent Eigenkapital hinterlegt werden sollte.« Risiken müssen in Zukunft eindeutig in den Bilanzen der Finanzinstitute ausgewiesen sein und dürfen nicht etwa – wie bisher üblich – in Zweckgesellschaften ausgelagert werden. Die SPD fordert ferner ein stärkeres Risikobewusstsein im gesamten Finanzsystem. Die Trennung zwischen der Entscheidung, einen Kredit zu vergeben, und der Verantwortung für das damit einhergehende Risiko müsse aufgehoben werden. Finanzinstitute dürften ihre Kreditrisiken nicht mehr zu 100 Prozent verbriefen und weiterreichen können. Sie müssten künftig mindestens 20 Prozent des Risikos selbst tragen. »Leerverkäufe«, also die ungedeckte Spekulation auf fallende Aktienkurse, will die SPD verbieten lassen.

Hedge-Fonds und Private-Equity-Fonds sollen effektiver kontrolliert und reguliert werden. Die meisten dieser und anderer denkbarer Maßnahmen, darin sind sich die Experten parteiübergreifend einig, können nur auf internationaler Ebene erfolgen. Zitat aus einem CDU-Papier: »Rein auf nationaler Ebene werden sie der Lage nicht Herr.«

Das große Ganze: Wie viel Staat, wie viel Markt?

Namentlich die CDU sieht in der Krise auch eine Chance. Sie räumt ein, dass dies zunächst »paradox klingen mag«, aber: »Die internationale Finanzkrise verbessert die Voraussetzungen dafür, dass sich die Vorzüge der sozialen Marktwirtschaft weltweit durchsetzen.« Wer jetzt »mehr Staat und weniger Freiheit fordert, hat die Zeichen der Zeit nicht verstanden«.

Die CDU, die sich bekanntlich in der Tradition des Wirtschaftswunderministers und späteren Kanzlers Ludwig Erhard sieht, betont den Zweiklang der sozialen Marktwirtschaft. Einerseits, und dies gelte explizit auch nach der Finanzmarktkrise, heiße dies: »Leistung, Wettbewerb und die Bereitschaft, Risiken zu übernehmen – all dies gehört zum Unternehmertum und ist Voraussetzung auch für einen leistungsfähigen Sozialstaat.« Notwendig sei aber andererseits auch eine bewusste Ordnung der Märkte, damit diese den Menschen diene und nicht umgekehrt. »Die Finanzmärkte, insbesondere jene in den angelsächsisch geprägten Ländern, waren in diesem Sinne nicht ausreichend geordnet. Deshalb haben sie die heute eng verwobenen Märkte insgesamt an den Rand des Zusammenbruchs gebracht.« Es gehe nun darum, die Grundprinzipien der sozialen Marktwirtschaft wieder zu stärken.

Dabei stehe das »Prinzip des Maßhaltens« im Vordergrund. Managergehälter dürften nicht nach oben schnellen, wenn gleichzeitig die Belegschaft mit Nullrunden oder gar Entlassungen leben müsse. »Überproportionale Gehaltssteigerungen, wenn gleichzeitig Tausende von Mitarbeitern entlassen werden oder sich mit kleinsten Lohnzuwächsen begnügen müssen, darf es nicht geben. Bonuszahlungen sollten nur infrage kommen, wenn langfristige Unternehmenserfolge zu verzeichnen sind. Die Wirtschaft muss sich stärker am nachhaltigen Arbeiten des Mittelstands orientieren.«

Auch die SPD fordert eine Anpassung der Anreiz- und Vergütungssysteme: »Wer von Gewinnen profitiert, muss auch Verluste tragen.« Und individuelles Fehlverhalten soll in Zukunft individuelle Sanktionen nach sich ziehen. »Das Prinzip, Gewinne privatisieren, Verluste sozialisieren ist für uns inakzeptabel«, heißt es bei der SPD. »Wir brauchen internationale Standards für eine stärkere persönliche Haftung der Finanzmarktakteure. Ihre Verantwortung muss sich auch in der Möglichkeit einer gemeinschaftlichen und individuellen Haftung widerspiegeln.«

Die Position der FDP ist nicht in einem Papier zusammengefasst, doch sie ist eindeutig: Das Finanzsystem muss überwacht und reguliert werden, doch falsche Regulierung hat erst in die Krise geführt. Die Liberalen halten sich zugute, bereits vor Jahren eine bessere Bankenkontrolle angemahnt und davor gewarnt zu haben, dass es mit »diesen Kontrollverhinderungsstrukturen« bei der Bundesanstalt für Finanzdienstleistungsaufsicht (BaFin), dem Finanzministerium und der Bundesbank »schiefgehen wird. Eine BaFin, die mit 1.600 Mitarbeitern jede Sparkassenfiliale unter die Lupe nimmt, aber ein weltweit operierendes DAX-Unternehmen nicht ordentlich beaufsichtigt, ist eine Fehlkonstruktion.«

Als die Kreditrisiken im Wege der Refinanzierung bei deutschen Banken landeten, setzte sich mit der unzureichenden Bankenaufsicht das Politikversagen diesseits des Atlantiks fort, so die FDP. Zum Beispiel entdeckte eine kleine Schar Prüfer der Deutschen Bank bei der Hypo Real Estate die Finanzlöcher, die den 1.600 Beschäftigten der BaFin zuvor verborgen geblieben waren. Wer die Marktwirtschaft für die Finanzkrise verantwortlich mache, verwechsle Ursache und Wirkung. »Am Beginn der Krise standen staatliche Eingriffe in den US-Immobilienmarkt: Jahrzehntelang war es erklärtes Ziel der Politik in den USA, auch nicht kreditwürdigen Personen zu Wohneigentum zu verhelfen. Gleichzeitig sorgte die US-Notenbank mit ihrer Niedrigzinspolitik für billiges Geld.«

Dass es auch in der sozialen Marktwirtschaft schwarze Schafe gibt, sei noch lange kein Grund, diese als System zu verteufeln. »Die Alternative hieße Planwirtschaft, die in der Vergangenheit stets über kurz oder lang in den Staatsbankrott führte. Der Staat ist nicht der bessere Bankier; das belegt ein Blick auf die deutschen Banken, für die die Politik (Mit-)Verantwortung trägt: Sie waren als Erste von der

Krise betroffen und nehmen nun – mit der BayernLB – auch als Erste staatliche Hilfen in Anspruch.«

Die Grünen betten die Forderungen, die in vielen Punkten denen der anderen etablierten Parteien entsprechen, in ihre bekannte Programmatik ein. Auch sie fordern eine neue Finanzmarktverfassung »auf allen Ebenen« (national, europaweit und international), die sich an drei Kernpunkten orientieren müsse: Stabilität, Verbraucherschutz, Ökologie. In der Vergangenheit sei Finanzmarktpolitik in Deutschland meist als Finanzindustriepolitik missverstanden worden. Die Interessen der Verbraucher und der Ökologie hätten nur eine untergeordnete Rolle gespielt. Insgesamt tritt der wirtschaftsfreundliche Teil der Partei seit der Krise deutlich weniger in Erscheinung als in den Jahren zuvor. Verstärkt prägt nun der linke Parteiflügel die Wirtschaftspolitik. Er diagnostiziert vor allem Marktversagen, während die Realos sich den Zusatz mühsam erkämpfen müssen, dass auch politische Versäumnisse zu verzeichnen sind.

Diese Skrupel hat die Linkspartei nicht. Auch wenn dort nicht alle so weit gehen wie die Mitglieder der Kommunistischen Plattform um Sahra Wagenknecht, für die der Zusammenbruch des Kapitalismus jetzt erwiesen ist, sind sich die Linken jedenfalls darin einig, dass »der Neoliberalismus als Alltagsreligion« gescheitert ist. »Kostensenkung, Gewinnmaximierung, Deregulierung, Flexibilisierung, Privatisierung – all das waren die Leitideen der letzten Jahre«, sagt Parteichef Oskar Lafontaine. »Jetzt merken die Menschen, dass diese Leitideen die Gesellschaft in die falsche Richtung führen.« Spätestens an diesem Punkt sind sich dann die Wirtschaftsvertreter wieder einig – in ihrer Ablehnung von Oskar Lafontaine und seiner Politik.

Zum Wohle der Konjunktur

Zum Abschluss soll ein kurzer Blick in ein konkretes Gesetzgebungsverfahren die Verarbeitung der Wirtschaftskrise durch die Politik illustrieren. Die Bundesregierung hatte schon im Herbst 2008 zur Abfederung der sich ankündigenden Rezession ein 31 Milliarden Euro schweres erstes Hilfspaket verabschiedet, das von den meisten Ökonomen als halbherzig kritisiert worden war. Wochenlang hatte sich die Koalition um den Jahreswechsel 2008/2009, als das Übergreifen der Finanzkrise auf die Realwirtschaft offensichtlich geworden war, geziert, den politischen Forderungen nach einem zweiten Konjunkturpaket nachzugeben. Am Ende konnte sie dem Druck nicht mehr standhalten; die Spitzen der Koalition trafen sich nach tagelangen Vorgesprächen an einem Montagabend, dem 12. Januar 2009, um konkrete Maßnahmen, zum Beispiel im Bereich der Steuern, zu beschließen. Das neue Paket umfasst 50 Milliarden Euro. Die Absprachen der Koalition wurden dann im Frühjahr 2009 ins Gesetzgebungsverfahren eingespeist, um am Ende mit einigen Änderungen beschlossen zu werden. An dieser Stelle sollen jedoch die ursprünglichen Beschlüsse der Montagsrunde interessieren.

Besondere Aufmerksamkeit fand die Steuerpolitik. Hier hatte sich die bayerische CSU unter ihrem neuen Vorsitzenden Horst Seehofer insofern durchgesetzt, als dass sie erst der Schwesterpartei CDU und dann auch der SPD überhaupt Steuerbeschlüsse abgerungen hatte – freilich längst nicht in dem beabsichtigten Umfang. Aus Plänen für mutige Steuersenkungen, die insbesondere den Mittelstand und die Mittelschicht entlasten sollten, wurden einige zaghafte Korrekturen, welche die Akteure allerdings mit großen Worten ins rechte Licht zu stellen versuchten.

Immerhin kommen die Maßnahmen den Mittelständlern und den Personengesellschaften zugute, allerdings in bescheidenem Umfang. Sie profitieren von der Senkung des Eingangssteuersatzes, dem höheren Freibetrag und von dem Umstand, dass der Anstieg des Tarifs ein wenig abgemildert wird. Wer einen Gewinn von 100.000 Euro macht, kann als Single für 2009 mit einer Steuererleichterung von 158 Euro rechnen. Vom kommenden Jahr an sind es dann 272 Euro. Für einen verheirateten Alleinverdiener sind es 294 Euro (2009) und 500 Euro (ab 2010).

Lukrativer, insbesondere für Betriebe mit vielen Angestellten, dürfte die Senkung der Beiträge zur Krankenversicherung sein. Der Arbeitgeber muss für einen Durchschnittsverdiener mit einem Lohn von 30.000 Euro im Jahr etwa 90 Euro weniger an die Kassen zahlen. Verdient der Mitarbeiter mehr, ist auch die Ersparnis höher, maximal jedoch 132 Euro im Jahr.

Auch von den öffentlichen Investitionen profitieren Teile des Mittelstands. Insgesamt wollen Bund und Länder in diesem und im nächsten Jahr zusätzlich gut 17 Milliarden Euro in die öffentliche Infrastruktur investieren. Ein Teil davon soll in Verkehrswege, ein noch größerer in die Sanierung und die Modernisierung von Kindertagesstätten,

Schulen, Hochschulen und Krankenhäuser fließen. Neben dem Handwerk werden davon vor allem mittelständische Betriebe profitieren, so zum Beispiel Bauunternehmen und Fensterhersteller, aber auch Computerfirmen und Produzenten von Medizintechnik.

Um zu verhindern, dass das Konjunkturprogramm durch bürokratische Hemmnisse ausgehebelt wird, hat die Regierung eine vorübergehende Lockerung des Vergaberechts vorgesehen. Die Kommunen dürfen demnach alle Aufträge für Bauleistungen frei vergeben, solange diese 100.000 Euro nicht überschreiten. Das Gleiche gilt für Dienst- und Lieferleistungen. Bei Bauaufträgen besteht zudem zwischen 100.000 und 1 Million Euro nur eine beschränkte Ausschreibungspflicht. Das bedeutet, dass der Stadtkämmerer nur einige wenige Angebote einholen muss.

Die Kurzarbeit war für viele Unternehmen, insbesondere für Mittelständler, bisher kein Mittel zur Überbrückung von Auftragsflauten. Sie war schlicht zu teuer. Zwar konnte der Betrieb Mitarbeitern die Arbeitszeit und damit das Gehalt kürzen, er musste jedoch für 80 Prozent des entfallenden Lohns Beiträge zur Kranken-, Pflege- und Rentenversicherung entrichten – und zwar allein. Insgesamt waren das 37,35 Prozent. Das heißt: Einem ausgefallenen Entgelt von 20.000 Euro standen Abgaben in Höhe von 5.976 Euro gegenüber. Künftig übernimmt die Bundesagentur für Arbeit (BA) die Hälfte dieser Zahlung. Nutzt der Arbeitgeber die Gelegenheit, um zeitweise beschäftigungslose Mitarbeiter weiterzubilden, erstattet die BA sogar 100 Prozent der Sozialbeiträge.

Mittelständler sollen leichter und unbürokratischer an zinsgünstige Kredite der staatlichen Förderbank KfW kommen. Dazu wird das bereits laufende Sonderprogramm im Volumen von 15 Milliarden Euro überarbeitet. Zudem können Betriebe, die einen Bankkredit aufnehmen wollen und dabei Probleme haben, auch staatliche Bürgschaften beantragen.

Mit dem Zentralen Innovationsprogramm Mittelstand (ZIM) will die Koalition Forschungs- und Entwicklungsvorhaben fördern. Bislang gilt es vor allem in Ostdeutschland. Nun soll es auf westdeutsche Betriebe ausgedehnt werden, die nicht mehr als 1.000 Beschäftigte haben. Hierfür sollen bereits im laufenden Jahr rund 450 Millionen Euro zusätzlich zur Verfügung stehen.

All das sind jedoch Maßnahmen, die große Weichenstellungen nicht ersetzen können, wie sie auf den bekannten Feldern der Wirtschaftspolitik weiterhin der politischen Aufarbeitung harren. Steuern, Abgabensysteme, Arbeitsmarkt, Bürokratie bleiben die Bereiche, in denen die Wirtschaft viele Forderungen hat und die Politik wenig Bereitschaft zu umfassenden Lösungen zeigt.

Lutz Diederichs

Gemeinsam in die Zukunft: Neue Partnerschaft von Wirtschaft und Politik

In weiten Teilen der Gesellschaft gelten Politiker als unfähig, egoistisch und selbstverliebt. Der Berufsstand hatte das schlechteste Image, bis die Politiker die rote Laterne im Zuge der Finanzmarktkrise an die Banker abgegeben haben. Die Wirtschaft schien in Teilen gar nicht unzufrieden mit dem schlechten Standing der Politik. Fiel es ihr doch so leichter, sich als effizienter »Macher« darzustellen. Der Politik wurde dagegen attestiert, Handlungsfreiheiten des Einzelnen einzuschränken, zu regulieren und über Dinge mitzuentscheiden, von denen sie nichts versteht.

Wann aber wird Politik als erfolgreich empfunden? In der Regel dann, wenn sie vorausschauend agiert; einen Rahmen schafft, der es erlaubt, auf neue Herausforderungen angemessen zu reagieren; Krisen regelt oder der Gesellschaft eine neue Richtung gibt. Deshalb werden – trotz des weitverbreiteten Misstrauens gegenüber der Politik – herausragende Leistungen nach einer gewissen Zeit sehr wohl anerkannt. Das gilt für die Ostpolitik Willy Brandts ebenso wie für die Politik der deutschen Einheit von Helmut Kohl oder die New-Deal-Politik des Franklin Delano Roosevelt.

Wirtschaft und Politik im mangelnden Verständnis vereint

Eine solch kraftvolle Politik setzt jedoch die Bereitschaft voraus, sich gegen Partikularinteressen durchzusetzen, Bedenken einzelner Gruppen zu ignorieren und auch dort Schranken zu setzen, wo sie nicht von allen Akteuren gewünscht werden. Die Wirtschaft ist hier – oftmals zu Recht – besonders empfindlich und wehrt sich energisch gegen politische Einflussnahme. 2005 hat eine Umfrage der Initiative »Neue Soziale Marktwirtschaft« zutage gefördert, dass sich 80 Prozent der Mittelständler durch die Politik behindert fühlen. Heute, nach dem tatkräftigen Eingreifen der Politik zur Rettung des Finanzsystems, würde eine solche Umfrage sicherlich andere Ergebnisse bringen. Dafür spricht auch die hohe Bedeutung, die dem Staat bei der Bekämpfung der Wirtschaftskrise zugemessen wird. Das Grundgefühl der Behinderung durch zu viel Staat dürfte aber spätestens dann wieder zunehmen, wenn die derzeitige Krise abebbt.

So ist das Verhältnis von Politik und Wirtschaft oftmals konfliktbeladen und ambivalent. Diese grundlegende Differenz wird verstärkt durch gegenseitige Kompetenzzweifel und wenig Einfühlungsvermögen in die Zwänge und Bedürfnisse der jeweils anderen Seite. Die Wirtschaft würde sich manchmal mehr ökonomischen Sachverstand in der Politik wünschen. Auch eine bessere Folgenabschätzung über die wirtschaftliche Wirkung getroffener Entscheidungen steht auf der Forderungsagenda der Wirtschaft. Darüber hinaus sind es die durch die Politik ausgelöste Bürokratisierung des Wirtschaftslebens und die politische Einschränkung von Handlungsfreiheit für Unternehmen, die für Unmut sorgen.

In der Wirtschaft fehlt dagegen in vielen Fällen das Verständnis für die politischen Entscheidungsprozesse in einer Demokratie. Die Problematik, immer wieder nach Mehrheiten suchen zu müssen, wird von der Wirtschaft unterschätzt. Unternehmer und Manager können in der Regel »durchentscheiden«, ohne auf die öffentliche Meinung oder gar Wiederwahlchancen Rücksicht nehmen zu müssen. Die Politik muss dagegen widerstreitende Interessen einer ganzen Gesellschaft ausgleichen und möglichst viele auf ihrem Weg mitnehmen. Das Ergebnis sind oft Kompromisse und kleine Schritte, welche die Wirtschaft nur mäßig begeistern. Die Entfremdung von Politik und Wirtschaft ist nicht zu leugnen. Und sie drückt sich exemplarisch in einer signifikanten Zahl aus: Der Anteil von Unternehmern unter den Bundestagsabgeordneten geht immer weiter zurück. Waren in den 1960er-Jahren noch fast ein Viertel der Abgeordneten Freiberufler und Unternehmer, sind es heute nur noch knapp 8 Prozent. Dagegen gehören Lehrer mit rund 12 Prozent zu den am stärksten vertretenen Berufsgruppen im Bundestag.

Gemeinsam trifft viele Politiker und Manager dagegen der Vorwurf, dass sie gegen ein gesellschaftlich akzeptiertes Wertesystem verstoßen. Im Zusammenhang mit diesen beiden Berufsgruppen sind die Attribute »raffgierig« und »gemeinschaftsschädlich« schnell in aller Munde. Daher dürfte die überzeugende Einordnung in ein Wertesystem für beide, für Politik und für Wirtschaft, zukünftig ganz oben auf der Tagesordnung stehen.

Keiner kann ohne den anderen

Trotz vieler Missverständnisse und Gegensätze brauchen Politik und Wirtschaft einander – wie sehr, haben die Ereignisse im Herbst 2008 eindrücklich vor Augen geführt. Grundsätzlich kann es kein erfolgreiches Wirtschaften ohne stabile politische und gesellschaftliche Rahmenbedingungen geben. Die Finanzmarktkrise hat unter anderem zweierlei deutlich gemacht: Erstens, dass es bereits ausreicht, wenn Teile des Finanzsystems die Bodenhaftung verlieren, um die gesamte Branche in die Krise zu führen. Und zweitens, dass es letztlich nur der Politik gelingt, in tiefgreifenden Krisen verlorengegangenes Vertrauen zumindest partiell wieder aufzubauen.

Natürlich sind staatliche Interventionen oft problematisch. Aber wenn der Markt versagt – und das kann geschehen –, ist staatliches Handeln unverzichtbar. Dieses hat aber gerade in der gegenwärtigen Phase der wirtschaftlichen Entwicklung auch darauf zu achten, dass die Grundlagen der sozialen Marktwirtschaft nicht durch zu starke Fesseln auf Dauer beschädigt werden. Deshalb wird es darum gehen müssen, den gesellschaftlichen Wertekonsens partnerschaftlich weiterzuentwickeln. Denn ohne ein solides ökonomisches Fundament kann es auch keine erfolgreiche Politik geben.

Für das solide Fundament der Wirtschaft sorgt in Deutschland traditionell der Mittelstand. Er wird in den kommenden Monaten besonders gefordert sein, die Zukunftsfähigkeit der Bundesrepublik sicherzustellen und die aktuelle konjunkturelle Krise zu überwinden. Aber auch schwierige Zeiten bieten Chancen auf gute Geschäfte – insbesondere für Unternehmen, die ihre Hausaufgaben gemacht und sich auf Problemsituationen besser vorbereitet haben als andere.

Die deutsche Wirtschaft ist gut gerüstet

Die Unternehmen haben in den vergangenen Jahren ihre Wertschöpfungsketten optimiert und ihre Kapitalkraft gestärkt. Sie haben sich mit klar definierten Kernkompetenzen auf die globalisierten Märkte eingestellt. Sie haben ihr Anpassungstempo auf Marktveränderungen erhöht, und sie sind internationaler ausgerichtet. All das gilt nicht nur für die großen Konzerne, sondern auch für die kleinen und mittleren Unternehmen. So erzielen beispielsweise Industrieunternehmen mit 100 bis 250 Beschäftigten heute im Schnitt rund 30 Prozent ihrer Umsätze mit Exporten. Ende der 1990er-Jahre lag dieser Anteil noch bei 25 Prozent. Rund 800.000 mittelständische Unternehmen sind jenseits der deutschen Grenzen tätig. Und selbst Kleinstunternehmen mit bis zu fünf Beschäftigten sind heute – laut den Ergebnissen des KfW-Mittelstandspanels 2008 – zunehmend in der Lage, international tätig zu sein. Im Vergleich zu den Unternehmen in anderen großen europäischen Volkswirtschaften wie Frankreich, Großbritannien und Italien ist der deutsche Mittelstand deutlich internationaler.

Gleichzeitig ist die Betriebssteuerung oftmals professioneller geworden und die Unternehmensfinanzierung hat sich erheblich verbessert. Last but not least verfügt Deutschland über eine ausgeglichene Wirtschaftsstruktur. Das Land ist nicht – wie zum Beispiel Großbritannien mit seinem Schwerpunkt in der Finanzindustrie – nur von wenigen Wirtschaftszweigen abhängig. Alles in allem keine schlechten Voraussetzungen, um die bevorstehende schwierige Wegstrecke gut zu bewältigen.

Hinzu kommt, dass der absehbare Fachkräftemangel das Verhalten der Unternehmen in der Krise verändert. Noch vor wenigen Monaten klagte laut BDI-Mittelstandspanel jedes dritte Unternehmen über Schwierigkeiten bei der Stellenbesetzung. Das führt zu einer hohen Bereitschaft, das Stammpersonal auch in Abschwungphasen zu behalten und an sich zu binden, insbesondere hoch qualifizierte Arbeitskräfte. Es werden deutlich weniger Entlassungen ausgesprochen, da Wiedereinstellungen im Aufschwung schwieriger werden. Die Politik hat diese erfreuliche Tendenz mit der Verlängerung der Bezugsdauer für das Kurzarbeitergeld zielgenau unterstützt. Ein gutes Beispiel für eine wirksame Zusammenarbeit von Politik und Wirtschaft mit stabilisierender Wirkung.

Fahrt ins Ungewisse

Trotz dieser insgesamt ermutigenden Bestandsaufnahme steht Deutschland vor der schwersten Wirtschaftskrise der letzten Jahrzehnte. Zu gravierend sind die Folgen der Finanzmarktkrise und der weltweiten Konjunkturschwäche. Zwar scheint es der Politik gelungen zu sein, die Märkte durch finanzpolitische Maßnahmen zu stabilisieren. Doch die wieder eingekehrte Ruhe könnte trügerisch sein. Es ist absehbar, dass die Jahre 2009/2010 zu den wirtschaftlich schwierigsten nach dem Zweiten Weltkrieg werden, da verschiedene negative Entwicklungen miteinander verschmelzen: Die Finanzmarktkrise geht in einen rasanten Konjunkturabschwung über, in vielen Ländern ist die Wirtschaft mit ausgesprochen problematischen Tendenzen auf den Immobilienmärkten konfrontiert und darüber hinaus haben es – anders als bei anderen Konjunkturabschwüngen – alle Kraftquellen der Weltwirtschaft zeitgleich mit rezessiven Entwicklungen zu tun. Diese Aussichten lassen die Banken bei ihrer Kreditvergabe vorsichtiger werden. Die Wirkungen der Finanzmarktkrise werden auf diese Weise verstärkt und machen den Schmierstoff der Ökonomie, Kredite, zu einem knappen Gut.

Die Gefahr einer Kreditklemme ist nicht auszuschließen

Der erschwerte Zugang zu Fremdkapital kann die rezessiven Entwicklungen in der deutschen Volkswirtschaft verschärfen. Die deutsche Wirtschaft ist zu über 70 Prozent fremdfinanziert. Wenn sich ihre Möglichkeiten der Kapitalbeschaffung einengen, hat das selbstverständlich Auswirkungen auf die Fähigkeit der Unternehmen, die Krise gut zu bewältigen. Nun kann in Deutschland bisher nicht von einer wirklichen Kreditklemme gesprochen werden. Allerdings sind Entwicklungen erkennbar, welche die Kapitalbeschaffung deutlich verteuern und komplizierter machen. Es droht eine Kreditklemme in einer »Light-Version«.

Trotz gewisser Stabilisierungserfolge der Politik sind die Finanzmärkte nach wie vor nur eingeschränkt funktionstüchtig. Das führt selbst bei guten Adressen zu hohen Risikoaufschlägen im Kreditgeschäft. Große Transaktionsvolumina sind derzeit (Januar 2009 – Anmerkung der Redaktion) deutlich schwerer zu refinanzieren als zu »normalen« Zeiten – was auch eine Folge der deutlichen Reduktion von Markteilnehmern ist, die auf dem deutschen Kapitalmarkt aktiv sind. Ausländische Banken haben sich teilweise auf ihre Heimatmärkte zurückgezogen. Die prekäre Situation vieler Landesbanken machen diese partiell handlungsunfähig. In der Folge leiden Unternehmen und Leasinggesellschaften unter einer stark ausgedünnten Refinanzierungslandschaft. Auch die Kreditversicherer agieren äußerst vorsichtig und selektiv, was die Fähigkeit der Banken zur Kreditfinanzierung zusätzlich belastet.

Die Risiken rücken bei der Kreditvergabe noch mehr in den Mittelpunkt

Die Fremdfinanzierung der Unternehmen wird sich aufgrund der angespannten Situation auf den Kapitalmärkten nachhaltig verändern. Und das aus mehreren Gründen:

- Erstens, weil die Refinanzierung an den Kapitalmärkten (»debt markets«) weggebrochen ist und die Refinanzierungskosten der Banken auf hohem Niveau verharren.
- Zweitens, weil sich die Ausfallwahrscheinlichkeit der Unternehmen infolge der konjunkturellen Abkühlung erhöht hat. Die Rating-Einstufungen durch die Banken

werden dadurch deutlich schlechter ausfallen, was zu höheren Kosten führt. Die Eigenkapitalanforderungen an die Kunden werden steigen.

- Und drittens, weil die Kosten des Kreditvergabeprozesses steigen. Die Kreditbearbeitung und Kreditüberwachung dürften zukünftig bei allen Instituten intensiver ausfallen. Die Richtlinien für die Kreditvergabe und die Sicherheiten werden verschärft. Darüber hinaus ist noch nicht absehbar, wie sich aufsichtsrechtliche Restriktionen und neue Regularien auswirken werden. Tendenziell werden aber auch diese Aspekte zu einer Verteuerung beitragen.

Hiervon werden insbesondere Firmen aus zyklischen Branchen mit hoher Verschuldung und schwacher Bonität betroffen sein. Auch bei den Länderlimits sind Einschränkungen zu erwarten, die zu Engpässen für bestimmte Branchen führen können.

Unabhängig davon können sich die Unternehmen aber auf das deutsche Bankenwesen verlassen. Die Banken haben den Markt in der Vergangenheit mit Krediten versorgt, sie tun es in diesen schwierigen Zeiten und sie werden es auch in der Zukunft tun. Es wäre jedoch blauäugig, nicht mit einem gewissen Maß von Engpässen und einer generell problematischer werdenden Finanzierung zu rechnen. Auch werden Banken zukünftig verstärkt darauf drängen, dass Kunden mehr als ein Produkt bei ihnen nachfragen. Der Cross-Selling-Gedanke wird noch stärker in den Mittelpunkt rücken. Eine Kreditvergabe ohne einen angemessenen Anteil der Kredit vergebenden Bank am gesamten

Provisionsgeschäft des Unternehmens wird zukünftig kaum noch zu verzeichnen sein.

Darüber hinaus werden viele Banken ihre Geschäftsmodelle auf den Prüfstand stellen und anpassen. Das wird zur Folge haben, dass einzelne Produkte nicht mehr angeboten werden und sich ein Trend zum unternehmensbezogenen Investment-Banking durchsetzen wird. Diese Entwicklungen werden sich mittelfristig positiv auf die Beziehung zwischen Bank und Firmenkunde auswirken. Gehen mit ihnen doch eine realistischere Renditeerwartung und eine höhere Wertschätzung von nachhaltigen Geschäftsperspektiven einher. Die Banken werden auch in der Krise ein verlässlicher Partner des Mittelstands sein. Ihre Geschäftspolitik wird darauf ausgerichtet sein, die Rentabilität der Unternehmen zu sichern und ihre Substanz weiter zu verbessern.

Die Krise verändert die Wirtschaft

Die skizzierten Auswirkungen auf die Unternehmensfinanzierung werden nicht die einzigen Folgen der Finanzmarktkrise für die Wirtschaft sein. Die Krise verändert das Verhalten vieler Wirtschaftsakteure. Das Vertrauen in das Wirtschafts- und Finanzsystem ist spürbar erschüttert. Damit schärft sich der Blick für Risiken; die Einschätzung, welche Renditen angemessen sind, wird realistischer.

Allerdings lebt das Wirtschaftssystem davon, dass Risiken eingegangen werden. Gerade die hohe Flexibilität und die Innovationskraft, welche die soziale Marktwirtschaft auszeichnen, hängen davon ab, dass etwas gewagt wird. Wenn die Angst vor dem Risiko überhandnimmt, werden auch Chancen vergeben. Eine der entscheidenden Aufgaben der Politik ist es daher, Vertrauen zurückzugewinnen, Vertrauen zu stabilisieren und die Angst vor Risiken zu minimieren. Die Wirtschaft ist dagegen gefordert, Vertrauen zu rechtfertigen und in ihrem Bereich für neue Stabilität zu sorgen.

Die Finanzmarktkrise als Stresstest

Die Finanzmarktkrise hat sich zum Stresstest für die deutsche Wirtschaft entwickelt. Die Partner der Realwirtschaft, die Banken, befinden sich in einem tiefgreifenden Veränderungsprozess mit entsprechenden Rückwirkungen auf ihre Kunden. Doch die deutsche Wirtschaft hat in den letzten Jahren erheblich an Stärke gewonnen und ist auf den erwähnten Test gut vorbereitet. Die Fähigkeit, diesen zu bestehen, wächst in dem Maße, wie es gelingt, das Bündnis zwischen Politik und Wirtschaft zu erneuern beziehungsweise neu zu definieren. Das Verhältnis von Wirtschaft und Politik ist störanfällig und für diese Störungen gibt es in der Regel gute Gründe. Trotzdem kann eine Gesellschaft nur existieren und sich positiv weiterentwickeln, wenn die beiden Säulen – Politik und Wirtschaft – die Gesellschaft gemeinsam tragen. Das gilt vor allem dann, wenn die Gemeinschaft mit besonderen Herausforderungen konfrontiert ist.

Der neu erwachte politische Gestaltungswille

Es gilt daher, eine effiziente, glaubwürdige Arbeitsteilung zwischen Politik und Wirtschaft zu finden und eine gemeinsame Strategie für die Gestaltung des Gemeinwesens zu entwickeln. In diesem Zusammenhang ist es deswegen unerlässlich, zunächst die durch die Krise ausgelösten Veränderungen zu konstatieren: Die Politik hat sich als Krisenmanager bewährt. Eine Rückkehr zum Neoliberalismus anglo-amerikanischer Prägung wird es absehbar nicht geben. Der größte Teil der deutschen Bevölkerung will mehr politische Steuerung. Die westliche Welt wird eine Renaissance der Regulierung erleben, die nach den Finanzmärkten auch andere Teile der Wirtschaft erfassen wird. Die Akzeptanz eines handelnden Staates ist in den vergangenen Monaten deutlich gewachsen; die Rolle des Staates wird aktiver.

In Teilen mag der Wunsch nach mehr Staat verständlich sein, in einigen Bereichen ist es auch notwendig, zu klareren Regelungen zu kommen. Allerdings sollte der Anteil der Politik am Entstehen der Krise nicht völlig in Vergessenheit geraten: In den USA war es die Politik des billigen Geldes der Notenbank, die den Boden für die Krise bereitete. In Deutschland griff die Bankenaufsicht nicht konsequent ein, obwohl ihr problematische Entwicklungen zumindest teilweise bekannt waren. Und nicht zuletzt sind es die staatsnahen Banken, die besonders von der Finanzkrise betroffen sind. Es wird zukünftig deshalb auch darauf ankommen, die Rolle des Staates nicht zu überdehnen. Die öffentliche Hand ist nicht nur eine schützende Hand, die wirtschaftliche Risiken abfedert, sie kann wirtschaftliche Aktivitäten auch mit wenigen Handbewegungen abwürgen. Die Wirtschaft selbst muss sich hüten, immer mehr Ansprüche an den Staat zu formulieren und immer neue Rettungs- und

Schutzschirme zu fordern. Die Folge wäre ein Staat mit Allmachtsfantasien, eine scheinbare Sicherheit vor Veränderungen und mehr Bürokratie. Nach Untersuchungen der EU müssen deutsche Unternehmen schon heute 3,5 Prozent des Bruttoinlandsproduktes nur für Dokumentations- und Meldepflichten aufwenden.

Trotz dieser Einschränkungen: Mit dem Rettungspaket für die Banken hat die Politik in Deutschland einen wichtigen Beitrag dazu geleistet, die Finanzmarktkrise beherrschbar zu halten. An der einen oder anderen Stelle wird das Paket in den kommenden Monaten jedoch an aktuelle Entwicklungen angepasst werden müssen, um seine Aufgabe zu erfüllen. Auch sollte eine sinnvolle Synchronisation mit den geplanten Konjunkturprogrammen vorgenommen werden. So könnte der Rettungsschirm zu einem Stabilisierungspaket weiterentwickelt werden. Einem Paket, das letztlich hilft, die weitgehend reibungslose Finanzierung der deutschen Wirtschaft zu garantieren. Es ist zu hoffen, dass die deutsche Politik die in der Krise bewiesene Gestaltungskraft auch im Wahljahr 2009 nicht verliert. Politische Handlungsfähigkeit und Weitsicht sind gerade jetzt unabdingbar – in Europa und in Deutschland.

Schlussbemerkung

Was ist also zu tun? Der Gesetzgeber muss klare Rahmenbedingungen – möglichst auf globaler, zumindest aber auf europäischer Ebene – für ein nachhaltiges Finanzsystem schaffen. Für Europa, mit Deutschland als größter Wirtschaftsmacht des Kontinents an der Spitze, liegt in der Krise jedoch noch eine ganz andere Chance: Die Krise hat deutlich vor Augen geführt, wie wertvoll der europäische Einigungsprozess und die Gemeinschaftswährung sind. Europa ist daher auch vor dem Hintergrund der jüngsten Erfahrungen gut beraten, den Einigungsprozess weiter voranzutreiben. Der einheitliche Binnenmarkt muss noch mehr gestärkt und noch wettbewerbsfähiger gemacht werden. Denn nur so ist er in der Lage, weltwirtschaftliche Verwerfungen zumindest teilweise abzufedern. Die Handlungsfähigkeit Europas muss darüber hinaus durch eine konsequente Weiterentwicklung und Stärkung der europäischen Institutionen sichergestellt werden. Nur starke europäische Institutionen sind in der Lage, der Stimme der Europäischen Union in der Welt Gehör zu verschaffen und ihre Interessen global durchzusetzen. Die Erfahrungen mit der Finanzmarktkrise sollte die EU auch dazu animieren, ihre Fähigkeit zur Kriseninterventionen weiter auszubauen. Eine konsequente gemeinsame Krisenbekämpfung, ohne in protektionistische Reflexe zu verfallen, hat die größten Erfolgsaussichten. Hier gibt es – trotz vieler Erfolge – noch erhebliche Verbesserungspotenziale.

Ulrich Hemel

Die Weltkrise des Vertrauens – und was wir dagegen tun können

In der aktuellen Finanzkrise hört man von allen Seiten, wie wichtig das Vertrauen in die Märkte und in deren Akteure sei. Der ausgetrocknete Interbanken-Markt hat genau damit zu tun: Die Banken leihen sich untereinander kein Geld mehr, weil sie einander misstrauen – und sie haben auch allen Grund dazu.

Die konkrete Folge daraus sind aus meiner ganz persönlichen Perspektive freundliche Briefe meiner Banken, die mir ankündigen, dass sie nun die Zinssätze für Kredite anheben. Die gefühlte Ungerechtigkeit, unter der unsere Gesellschaft leidet, hat allerdings nicht nur mit solchen Reaktionen zu tun. Die Krise geht tiefer.

Wir leben in einer Welt, die wie nie zuvor Zugang zu Informationen hat. Für die Finanzmärkte bedeutet das, dass sie sich von den realen Märkten abgekoppelt haben. Es wird im Finanzwesen um ein Vielfaches mehr Geld bewegt, als es der weltweiten Wertschöpfung aus Produktion, Dienstleistung und Handel entspricht. Dazu kommt, dass die Globalisierung im Sinne eines weltweiten Austauschs von Gütern, Dienstleistungen und Ideen in Deutschland eher als Bedrohung denn als Chance gesehen wird – obwohl wir als »Exportweltmeister« stark von ihr profitieren.

Solche Widersprüche führen zu einem gewaltigen Unbehagen in der Bevölkerung. Und sie machen anfällig für leichtfertige Verkürzungen, die extremen politischen Parteien in die Hände spielen. Für einen Christen gibt es allerdings auch eine spirituelle Dimension der gegenwärtigen Krise. Wir haben in den letzten Jahren in einer Gesellschaft gelebt, die den Wert der Kapitalrendite überbewertet hat. Unternehmen brauchen Gewinne, um zu überleben und sich zu entwickeln. Aber Gewinn und Rendite sind nicht alles, denn ohne den »gesellschaftlichen Rohstoff« des Vertrauens ist beides nichts wert. Was wir erleben, ist eine weltweite Vertrauens- und Orientierungskrise.

Die Finanzkrise zeigt zwar, dass ethisches Verhalten kein Zuckerguss für das normale geschäftliche Verhalten, sondern eine Notwendigkeit erfolgreichen Wirtschaftens ist. Andererseits wird das Thema zurückgedrängt, weil in den Augen vieler angesichts der drohenden Rezession, der enger werdenden Liquidität und der düsteren Wolken am Wirtschaftshimmel einfach keine Zeit bleibt, um sich auch noch mit ethischen Fragen auseinanderzusetzen. Genau das aber ist ein Trugschluss.

Vertrauen als Wertschöpfungsfaktor

Niemand kann ohne Glaubwürdigkeit Geschäfte machen. Glaubwürdigkeit bezieht sich auf das Können, das Wollen und das Tun. Das fängt schon im Kleinen an: Wer als privater Kunde ein Auto kauft, ohne es bezahlen zu können, begeht die Straftat des Betrugs.

Betrug bedeutet im Geschäftsleben eine bewusste Täuschung bezüglich der eigenen Glaubwürdigkeit. Er spiegelt ein Wollen vor, das von keinem Können gedeckt ist und daher auch nicht zum »Tun«, das heißt zum Begleichen der fälligen Rechnung, führen wird.

Glaubwürdigkeit als Voraussetzung für Vertrauen ist ein Thema nicht nur zwischen Personen oder Personen und Unternehmen, sondern auch für gesellschaftliche Subsysteme. In den letzten 50 Jahren haben viele Menschen in Deutschland eine Erosion des Vertrauens in verschiedenen Bereichen erlebt. Zunächst wuchsen Misstrauen und Bewegungen der Distanzierung gegenüber Kirchen, Parteien und Gewerkschaften. In der Zwischenzeit steht auch das Wirtschaftssystem unter einer Art Generalverdacht mit einem allgemeinen Misstrauensvotum. Es hat sich eine Abwärtsspirale des gesellschaftlichen Vertrauens gebildet, die am Ende zu einem Generalverdacht aller gegen alle führt.

Als Sündenböcke gelten hier die Manager, insbesondere die Banker. Dabei wird übersehen, dass auch Bankvorstände Aufsichtsräte haben, die ihrerseits den auf Rendite drängenden Aktionären verpflichtet sind. Damit wird der Kreis der Verantwortlichen erweitert; und tatsächlich wurde die Gier nach immer mehr zu einem beherrschenden Merkmal bestimmter Kulturen in Unternehmen und Gesellschaft.

Allzu bequem ist es auch, den Staat als Retter zu beschwören. Übersehen wird dabei, dass der Staat hier nur deshalb mit Glaubwürdigkeit auftreten kann, weil er sich in die Rolle eines *Anker-Investors* begibt und auf lange Sicht mit seinem Rettungspaket sogar Geld verdient. Denn niemand, auch nicht das größte Bankhaus der Welt, kann so viel Geld bewegen wie große Staaten. Der Haushalt der USA, Deutschlands und Frankreichs kann mit der Finanzkrise fertig werden – Island kann es offensichtlich nicht. Es hat also wenig Sinn, den Staat zu idealisieren, zumal die gegenwärtigen Regulierungsmängel nicht zuletzt mit politischem Handeln zu tun haben.

Das beherzte Eingreifen des Staates kann Glaubwürdigkeit schaffen, weil der Staat dafür geradestehen kann und will. Damit ist klar, dass das Schaffen von Vertrauen nicht einfach von guten Absichten, sondern auch von realen Handlungsmöglichkeiten, deren Grenzen und Reichweite abhängt.

Wer im Wirtschaftsleben Vertrauen erzeugen will – als Einzelner oder als Unternehmer –, muss sich zunächst auf die eigenen Stärken und Handlungsmöglichkeiten besinnen. Erst die richtige Analyse der eigenen Fähigkeiten eröffnet den Raum, der für die Schaffung von Vertrauen nötig ist, gleich ob wir über Einzelpersonen, Organisationen oder Unternehmen sprechen.

Hier kommt auch wieder der zentrale Wert des Vertrauens ins Spiel. Ein gutes Unternehmen schafft wirtschaftlichen und ethischen Mehrwert. Der wirtschaftliche Mehrwert ergibt sich aus der Wertsteigerung des Unternehmens, aus erzielten Gewinnen und Zukunftsaussichten. Der ethische Mehrwert hingegen ergibt sich aus der Werteorientierung des Unternehmens. Das bedeutet, dass es einen klar benannten Verantwortlichen gibt, der auf die Glaubwürdigkeit der unterschiedlichen »Lebensäußerungen« des Unternehmens achtet – entweder den Unternehmer selbst oder eine von ihm beauftragte Person oder Ethikkommission.

Der ethische Mehrwert eines Unternehmens lässt sich übrigens recht einfach definieren: Es geht darum, Vertrauen zu schaffen, zu erhalten und zu mehren. Das gilt für Mitarbeiter, Kunden, Lieferanten und Aktionäre gleichermaßen. Dabei gilt die folgende Nagelprobe: Wer bei einem Kunden Vertrauen mehrt, erhöht die Wahrscheinlichkeit für erfolgreiche Kaufakte – und damit den wirtschaftlichen Erfolg des Unternehmens. Gleichzeitig wirkt er der gegenwärtigen Abwärtsspirale des Vertrauens entgegen. Dazu kann jeder Einzelne in seinem kleinen Bereich beitragen.

Gleichzeitig fühlen sich Mitarbeiterinnen und Mitarbeiter in einem glaubwürdigen Unternehmen gut aufgehoben. Wer konsequent an den Themen Glaubwürdigkeit und Vertrauen, also am »ethischen Mehrwert« seines Unternehmens, arbeitet, der erzeugt im Lauf der Zeit eine »Aufwärtsspirale des Vertrauens«. Die damit erlebbare Sinnerfüllung strahlt auch auf andere Lebensbereiche aus. Das fängt bereits im Kleinen an: in den Familien, in den Schulen und in der täglichen Lebenswelt bis hin zu den Betrieben.

Nun ist nicht jeder Betrieb ein Weltkonzern. Dennoch beschäftigen mittelständische Betriebe, die stark unter der Finanzkrise leiden, deutlich mehr Mitarbeiterinnen und Mitarbeiter als die größten Banken und Konzerne. Nur sind sie eben nicht im Rampenlicht der gegenwärtigen Krisenbewältigung. Ein konkreter Vorschlag, solchen Firmen zum Nutzen der gesamten Volkswirtschaft zu helfen, soll im Folgenden etwas ausführlicher dargestellt werden:

die Idee einer staatlichen Liquiditätsbürgschaft für den Mittelstand.

Hermes-Liquiditätsbürgschaften für den Mittelstand – ein Ausweg aus der Vertrauenskrise?

Wer heute immer noch Zeitungen liest oder Nachrichten verfolgt, erlebt einen unglaublichen Wettlauf um die schlechteste Botschaft. Die psychologische Abwärtsspirale der Rezession wirkt sich auch auf die Menschen aus, die in ihrem persönlichen Umfeld noch gar nichts von der Krise mitbekommen.

Anders sieht es in der Welt der mittelständischen Zulieferer aus. Haben sie nicht über Generationen hinweg Eigenkapital zur Verfügung, droht die Krise sehr schnell die eigene Existenz zu gefährden. Wenn Märkte um 30, 40 oder 50 Prozent einbrechen, wird es aus verschiedenen Gründen eng – und ich rede hier von Tausenden von Betrieben:

Der Umsatzeinbruch vom Oktober 2008 wirkt sich bei einem durchschnittlichen Zahlungsziel von 60 Tagen im Dezember aus – in Form von geringeren Zahlungseingängen. Gleichzeitig verschlechtert sich die Zahlungsmoral, das heißt eine Reihe von Kunden verzögert aufgrund eigener Probleme die Begleichung von Lieferantenrechnungen. Trotz aller Lippenbekenntnisse ist die Rolle der Banken nur in Ausnahmefällen eine hilfreiche: Zinssenkungen werden nicht vollständig weitergegeben (»Sie verstehen doch, wir müssen unsere Eigenkapitalbasis stärken«), neue

Kredite zu bekommen wird zum »Roulette der Finanzkrise« (»Sie verstehen doch, dass wir uns in diesen Zeiten zurückhalten«) und es kommt natürlich auch vor, dass eigentlich gesunden Unternehmen die Kreditlinien gestrichen oder gekürzt werden (»Sie verstehen doch, wir brauchen mehr Risikovorsorge«).

Diese Entwicklung ist für unser Land hochexplosiv und im Hinblick auf Arbeitsplätze, Überwindung der Rezession und Zukunftsfähigkeit bedrohlich. Wenn nämlich hinzukommt, was vor Kurzem von einem großen Automobilkonzern zu hören war (»Wir sind selbst in der Krise und fordern von Ihnen einen weiteren Preisnachlass um 30 Prozent«), dann drohen uns 2009 gerade im Mittelstand, dem Rückgrat unserer Wirtschaft, zahlreiche Insolvenzen.

Gleichzeitig sind mittelständische produzierende Unternehmen in der Öffentlichkeit kaum wahrzunehmen. Die Kanzlerin trifft sich aus nachvollziehbaren Gründen eher mit Vertretern von Großbanken und DAX-Konzernen. Die Folge ist fatal: Der Druck der Krise wird ganz einfach auf den Mittelstand verlagert. Hat dieser aber – wie es durchaus vorkommt – in innovative Produkte investiert, fehlt ihm die nötige Liquidität, um die Krise zu überstehen. Wir sind in diesem Punkt dabei, unsere Zukunft zu verspielen!

Was kann man also tun? Nun kann niemand stets und ständig nach dem Staat rufen. Andererseits zeigt sich sehr wohl, dass das beherzte Handeln des Staates zugunsten der Banken Früchte trägt. Der Staat ist hier nicht nur Anker-Investor, sondern auch »spender of last resort«.

Gerade innovativen Mittelständlern und Tausenden ihrer Mitarbeiterinnen und Mitarbeiter stößt es allerdings sauer auf, dass Rettungsaktionen lediglich für Großbanken und Konzerne diskutiert werden. Viele dieser Unternehmer wollen gar kein staatliches Geld, sie wollen vielmehr in der Lage sein, mit ihrer Liquidität das Jahr 2009 zu überleben. Ein bescheidenes Ziel! Aber ein Unternehmen ohne Liquiditätsversorgung gleicht einem schönen Auto ohne Benzin – es wird nicht fahren.

In der öffentlichen Diskussion wird zwar über Konsumschecks und Stützungsaktionen gesprochen, aber ein sehr naheliegender Gedanke findet bislang kein großes Echo: Das wären Liquiditätsbürgschaften für zukunftsfähige Mittelständler.

Immerhin hatte das Institut der *Hermes-Bürgschaft* in der Vergangenheit einen wesentlichen Grundstein für den Exporterfolg der deutschen Wirtschaft gelegt. Dabei gab der Staat über ein nachgelagertes Institut Exportbürgschaften ab, die den damals noch wagemutigen Schritt ins Ausland erleichterten. Aufgrund dieser Bürgschaften engagierten sich dann auch Banken in der Exportfinanzierung, da ihr eigenes Risiko – wenn überhaupt vorhanden – nur gering war.

Etwas Ähnliches brauchen wir heute. Denn etliche Banken sind aufgrund der Kreditkrise nur noch begrenzt in der Lage, Mittelständlern unter die Arme zu greifen. Sie müssen ihre eigenen ramponierten Bilanzen schützen. Und eine gekürzte Linie bei einem Mittelständler bedeutet im Fall des Falles, einen Verlust für die Bank ganz vermieden oder zumindest minimiert zu haben. Dass diese Ängstlichkeit der Banken gegenüber der Realwirtschaft die Abwärtsspirale der Liquiditätsknappheit teilweise noch verschärft und diese so dazu beitragen, die Krise zu verschlimmern, will jedoch keiner hören.

Für die allermeisten produzierenden Mittelständler wäre es an dieser Stelle extrem hilfreich, wenn es einen Sicherungsschirm gäbe, der ihnen zu der für das Jahr 2009 benötigten Liquidität verhilft. Verglichen mit anderen Programmen sichert dieser Gedanke mit geringem Aufwand Hunderttausende von Arbeitsplätzen.

Würden etwa 50.000 Betriebe am Programm teilnehmen und eine Ausfallbürgschaft in Höhe von 10 Millionen Euro in Anspruch nehmen, kämen wir genau auf den Betrag von 500 Milliarden Euro, der auch den Banken aufgrund ihrer hohen Systemrisiken zugestanden wurde. Es handelt sich hier allerdings – wie bei einer Garantie üblich – nicht um den Aufwand, sondern um die Haftungssumme. Mittelständler wären zweifellos bereit, 1 bis 2 Prozent Haftungsgebühr zu zahlen, wenn sie dadurch der Insolvenz entgehen. Der Staat hätte hier ein Einnahmepotenzial von 5 bis 10 Milliarden Euro. Seine Ausgaben wären auf die Höhe der zugesagten Haftung bei denjenigen Unternehmen begrenzt, die später tatsächlich vom Markt verschwinden. Gerade weil der »Mittelstands-Rettungsschirm« aber Vertrauen schafft, kann es sogar passieren, dass die Einnahmen höher sind als die Ausgaben.

Für den Staat ist dies ein gutes Geschäft, denn im Insolvenzfall kommen letztlich ebenfalls staatliche Instanzen für die

Kosten von Arbeitslosigkeit mit all ihren Folgen auf. Der Rettungsschirm lässt sich im Übrigen recht leicht beschränken: Er kann an derjenigen Liquidität bemessen werden, die für eine Zeit von 12 bis maximal 18 Monaten benötigt wird, bis der heutige Stand der Umsätze in etwa wieder erreicht sein wird. Dieser Punkt ist deshalb wichtig, weil Mittelständler gerade wegen des scharfen Absturzes der Konjunktur gegen das teuflische Trio geringerer Umsätze, längerer Zahlungsfristen von Kunden und geringerer Banklinien ankämpfen müssen.

Auch der bürokratische Aufwand ist begrenzt. Schließlich hat der Mittelstand mit den Industrie- und Handelskammern eine regionale Vertretung, die durchaus in der Lage ist, die Zukunftsfähigkeit von Unternehmen und die Qualität der Unternehmensführung zu beurteilen und ein »Bürgschaftszertifikat« auszustellen. Das Ansehen der Industrie- und Handelskammern ist gut. Und diesen regionalen Instanzen dezentrale Verantwortung zu übergeben ist besser, als eine neue, schwerfällige Bundesagentur zu schaffen. Und zur Missbrauchsvermeidung ist ein kritischer Blick durch kompetente Dritte, die keine Banken sind, deutlich sachgerechter als jede andere Lösung.

Wir brauchen einen neuen Aufbruch. Wir brauchen Mut und Zuversicht. Wir brauchen aber auch die Mittel dafür. Liquiditätsbürgschaften für den Mittelstand wären ein wirkungsvolles und ressourceneffizientes Werkzeug für die Überwindung der Krise, aber auch ein Zeichen, das von den Bürgerinnen und Bürgern trotz der allgemeinen Politikskepsis verstanden würde. Schließlich geht es dabei um ihren eigenen Arbeitsplatz. Und die Menschen würden sich im Gegensatz zu der gegenwärtigen Konzentration des Regierungshandelns auf die großen Unternehmen nicht so im Stich gelassen fühlen – womit auch diese politische Gefahr gebannt wäre.

Alexandra Borchardt

»Gewinne machen und Mitarbeiter entlassen verträgt sich nicht«

Interview mit Dr. Margot Käßmann, Landesbischöfin der evangelisch-lutherischen Landeskirche Hannovers.

Wann hat sich das letzte Mal ein Manager Rat bei Ihnen geholt?

Rat? Nicht direkt. Aber ich war kürzlich bei zwei Banken eingeladen, um Vorträge zum Thema Werte und Ethik zu halten. Das hat mich dann doch gewundert. Es gab ja eine Zeit, da hieß es aus der Wirtschaft immer, der Markt reguliert sich selbst, die Kirche hat uns nichts zu sagen.

Nehmen wir mal an, ein Manager oder Unternehmer käme zu Ihnen, der zum Beispiel damit ringt, Menschen entlassen zu müssen. Was würden Sie ihm raten?

Ich würde sagen, dass Transparenz für alle wichtig ist und Glaubwürdigkeit. Und ich würde ihn dazu ermutigen, Verantwortung zu übernehmen im Sinne eines lutherischen Berufsethos. Auch wenn sich am Ende herausstellt, dass es vielleicht doch nicht der richtige Weg war.

Mitarbeiter zu entlassen ist also moralisch vertretbar?

Wenn dadurch andere Arbeitsplätze erhalten werden, vielleicht schon. Aber nicht, wenn jemand gleichzeitig Gewinn macht.

Der Unternehmer muss also warten, bis er rote Zahlen schreibt?

Gewinn machen und Mitarbeiter entlassen, das verträgt sich nicht. Ich finde es empörend, wenn im gleichen Atemzug Börsengewinne und das »Freisetzen« von Mitarbeitern verkündet werden. Es gibt eine soziale Verantwortung von Unternehmen.

Sie sind aber streng.

Zu mir kam zum Beispiel mal jemand, der wollte seinen Betrieb in die Ukraine verlagern, weil es da billiger ist.

Das könnte doch gut für die Menschen in der Ukraine sein.

Könnte sein. Aber da muss doch die Frage gestellt werden, ob er, wenn er hier die Arbeitsplätze abbaut, auch seinen Familiensitz in die Ukraine verlagern will. Ich meine, die Leute leben hier, sie profitieren von kostenfreien Schulen, können in jedes Krankenhaus gehen, die Straßen werden saniert, und dann investieren sie woanders und zahlen hier nicht mal Steuern dafür. Das finde ich unsolidarisch.

Wenn ein Investmentbanker käme, der vorher Millionen verdient hat und jetzt arbeitslos ist. Hätten Sie für den Verständnis?

Ich bin ja Seelsorgerin. So würde ich ihm sagen, was schon der Apostel Paulus gesagt hat: Seid fröhlich in Hoffnung, geduldig in Trübsal, beharrlich im Gebet.

Damit kann der vielleicht wenig anfangen.

Die Würde eines Menschen definiert sich doch nicht allein über seinen Arbeitsplatz, so wichtig ein Arbeitsplatz in der Tat ist. Aber für mich ist der erfolgreiche Unternehmer genauso viel wert wie der sterbende alte Mann, beide sind nach Gottes Ebenbild geschaffen. Ich würde ihm aber auch sagen, jetzt sieh zu, wie du wieder Arbeit findest. Wenn er schon so gut mit Geld umgehen kann, könnte er zum Beispiel Schuldnerberater werden. Es gibt so viele Menschen in Not. Die Wartezeit bei unseren Beratungsstellen beträgt im Moment sechs Monate. Warum nicht mal was Soziales machen?

Glauben Sie, dass wir in dieser Krise stecken, weil unsere Eliten versagt haben?

Eliten versagen, das sind so große Worte. Ich denke schlicht, dass diese Mentalität der Gier nicht zukunftstauglich ist. Aber das hat nicht nur was mit Eliten zu tun. Diese Schnäppchenjägermentalität, die gibt es im ganzen Land, diese Egomanie …

Ziemlich prominent war ja der Fall der Oldenburgischen Landeskirche, die sich mit Lehman-Papieren verspekuliert hat. Das war doch sicher keine Egomanie, sondern geschah aus dem Wunsch heraus, etwas Christliches mit dem Geld zu tun.

Wir legen unsere Gelder seriös und nach ethischen Kriterien an. Auch die Kirche muss mit Geld umgehen, das ist doch klar. Aber auch da gibt es ja Grenzen. Diese Vorstellung, dass Geld arbeitet, die finde ich absurd.

Wir sind also alle verantwortlich für die Krise?

Natürlich haben Eliten eine besondere Verantwortung. Sie müssen besonders glaubwürdig und zuverlässig sein. Dazu gehört eine innere Haltung, die sagt: Ich will dem Vertrauen gerecht werden, das viele Menschen in mich setzen.

Dürfen die dann auch Millionen verdienen?

Ich habe nichts dagegen, wenn jemand viel verdient. Eine Neidgesellschaft ist mit dem neunten und zehnten Gebot nicht vereinbar. Die sagen, dass du nicht ständig das begehren sollst, was der andere hat. Aber diese ganz exorbitanten Summen lassen sich mit Leistungen nicht mehr begründen. Das Gefühl für das Maß ist da verlorengegangen. Als Bischöfin sehe ich so viel Armut, Menschen für die ich keine Lösung weiß – und bei anderen dann dieser Überfluss, der auch Selbstüberschätzung zur Folge hat.

Jesus sagte ja auch, eher gehe ein Kamel durch ein Nadelöhr, als dass ein Reicher in den Himmel komme …

Geld haben an sich ist auch im Sinne Jesu nichts Verwerfliches. Ein Problem wird es, wenn das Geld zum Gott wird. Woran du dein Herz hängst, das ist dein Gott, sagt Martin Luther. Zu denken, ich bin ein Macher, ich mache mir mein Leben selbst – das ist mit dem christlichen Glauben nicht vereinbar. Es ist eine Gnade, ein Geschenk, wenn dir diese Leistungskraft gegeben ist.

Also kommt es darauf an, was man mit dieser Kraft bewirkt.

Genau. Es gibt viele engagierte Unternehmer, die Stiftungen gründen, Gutes tun mit ihrem Geld. Das ist freies Unternehmertum im besten evangelischen Sinne. Hier in Niedersachsen haben wir zum Beispiel einen starken Mittelstand. Das sind häufig Menschen, die haben ein starkes Berufsethos, wie es schon Martin Luther gefordert hat. Die gehen keinem Job nach, die folgen ihrer Berufung.

Sind das eher die Unternehmer als die Manager?

Eher. Aber es kommt immer auf die innere Haltung zu der Aufgabe an – ob das jetzt die Reinigungskraft ist oder der Chefmanager. Wer eine solche Haltung der Verantwortung und Rechenschaftspflicht vor Gott und den Menschen hat, bückt sich auch nicht vor Schmiergeld oder Lockvogelangeboten. Wenn sich jemand nur für die Rendite interessiert, das finde ich unverantwortlich.

Wenn Sie sich selbst als Führungskraft betrachten: Was war das größte Dilemma, in dem Sie sich bislang befunden haben?

Wir mussten unseren Haushalt in den letzten vier Jahren um 80 Millionen Euro herunterfahren. Da hat es letztlich auch einige wenige betriebsbedingte Kündigungen gegeben. Das waren bei 30.000 Mitarbeitern nur einzelne. Aber einem guten Mitarbeiter sagen zu müssen »Du musst gehen«, das empfand ich als bitter und als persönliches Versagen. Allerdings sind wir als Kirche natürlich eine Non-Profit-Organisation.

Welche Eigenschaften braucht eine gute Führungskraft?

Offenheit, Glaubwürdigkeit, Kommunikationsfähigkeit, und sie muss den Menschen zugewandt sein. Ich muss dem Mitarbeiter in die Augen sehen können, wenn ich ihm schlechte Nachrichten überbringe. Und ich muss zugeben können, wenn ich gescheitert bin.

Diese Eigenschaft ist nicht sehr verbreitet.

Stimmt. Aber das christliche Menschenbild ist sehr realistisch. Es weiß seit Adam und Eva, dass der Mensch verführbar ist, seit Kain und Abel, dass er gewalttätig sein kann, und seit Babel, dass er zum Größenwahn neigt.

Die Firma will dagegen den perfekten Mitarbeiter. Er soll motiviert, flexibel und stets leistungsbereit sein …

Dieser Leistungsdruck kann brutal sein. Viele sind in einem solchen Hamsterrad drin, dass sie gar nicht mehr über den Sinn des Ganzen nachdenken und darüber, dass das eigene Leben relativ kurz ist. Wir bieten seit einiger Zeit Klosteraufenthalte für Manager an.

Nach dem Power-Frühstück die Power-Sinnsuche …?

Das ist keine Wellness-Spiritualität. Das dient nicht dazu, die Leistung zu verbessern, sondern dazu, sich zu überlegen, welches die Ziele im Leben sind.

Geht es da nicht letztlich auch wieder nur um das Ich?

Wir haben zum Beispiel ein Programm, das heißt »Altera«. Da gehen Manager für eine Woche in eine diakonische Einrichtung und die Mitarbeiter der Einrichtung gehen dafür ins Unternehmen. Wenn Führungskräfte mal in einem Hospiz gearbeitet haben, erleben sie, dass die Menschen dort auch eine Würde haben.

Könnte die Finanzkrise auch etwas Gutes haben?

Bei manchen hat sie eine neue Achtung für die Politik gebracht. Es muss wieder so sein, dass die Politik die Wirtschaft dominiert, nicht umgekehrt.

Woher nehmen Sie dieses Vertrauen in die Politik?

Die Politik ist stärker verankert in der Wirklichkeit der Menschen, weil alle paar Jahre Wahlen sind. Ich halte die so gängige Verachtung von Politikerinnen und Politikern für fatal. Wir müssen da Akzeptanz fördern, denn ohne Autorität kann Politik nicht handeln.

Und die Manager müssen sich in noch kürzeren Zeiträumen vor ihren Aktionären verantworten.

Ja, aber wenn es den Aktionären allein um die Rendite geht und nicht zum Beispiel darum, wie das Unternehmen mit seinen Mitarbeitern umgeht oder was es herstellt, ist für die Gesellschaft als Ganzes nichts gewonnen.

Und der Politiker weiß, wie man Arbeitsplätze schafft?

Nicht unbedingt, aber er oder sie erlebt öfter Menschen, die keinen Arbeitsplatz mehr haben, allein schon im Wahlkreis. Die Manager, die ganz weit oben sind, haben doch oft gar keine Vorstellung davon, wie es jemandem geht, der auf 400-Euro-Basis arbeitet und im Jobcenter aufstocken muss.

Was muss sich ändern?

Dieses Bewusstsein, dass ich mich als Teil der Zivilgesellschaft engagieren muss, das muss wachsen. In Amerika zum Beispiel steht schon in den Schulzeugnissen der Kinder, für was die sich engagieren. Und da wird auch bei Bewerbungen Wert darauf gelegt. Wenn jeder Mensch so lebt, dass er Verantwortung übernimmt für das Gewebe, das uns zusammenhält – für den eigenen Ort, für sein Land, für Europa, für die Welt –, dann kann sich viel ändern.

Birger P. Priddat

Sind Ethik und Wirtschaft vereinbar?

Ethik hat auch in der Wirtschaft längst Bedeutung erlangt – zum Beispiel als Wertemanagement, Corporate Social Responsibility, Diversity-Management und in verschiedenen Formen von Corporate Culture beziehungsweise Corporate Integrity. Hinzu kommen – aus der Corporate Governance – Formen der Compliance, transparenter Governance et cetera.

Dabei geht es nicht darum, der Wirtschaft moralisch zu kommen, sondern um die Nutzung der Werte und Tugenden der Mitarbeiter, der Führungskräfte und der Kunden. Moral ist eine selbstverständliche Ressource der Gesellschaft. Und bei systematischen Verstößen dagegen entstehen den Unternehmen Kosten: Kosten der Demotivation, der Ungerechtigkeit oder der fehlenden Fairness, der mangelnden Anerkennung von Kompetenz und Leistung et cetera. Natürlich sind die Menschen nicht alle moralisch, aber sie sind auch nicht nur Nutzenmaximierer. Sie sind, als Menschen, unvollkommen – in beiden Dimensionen. Natürlich wollen sie ihr Einkommen steigern, aber in den Grenzen des Anstands, der Sitte, der Gerechtigkeit. Moral ist eine normale gesellschaftliche Institution.

Status und Reputation sind eine in den Organisationen mitlaufende Währung, die nicht allein durch Gehalt aufgefangen werden kann. Es geht hier um eine nichtmonetäre

Auszahlung. Mangelnde Anerkennung senkt die Leistung. Das sind keine Soft Factors, sondern ist ein hartes Kostenargument. Wer klug kalkuliert, ist gut beraten, diese Dimension als Unternehmensressource mit zu bedenken. Hohe Ungerechtigkeit Mitarbeitern gegenüber senkt deren Leistungsbereitschaft. Umgekehrt hebt Anerkennung (durch Vorgesetzte, durch die Führung des Unternehmens) ihre Motivation. Wenn wir uns in Erinnerung rufen, dass viele Arbeitnehmer in deutschen Firmen nur relativ gering motiviert sind, haben wir es mit einem Kostenblock zu tun, den das Controlling nicht kalkuliert, die Führung aber wichtig nehmen sollte.

Unternehmen arbeiten auf der Basis von Kooperation. Und die wichtigste Aufgabe von Management ist, diese Zusammenarbeit zu optimieren, um die Gesamtleistung des Unternehmens zu steigern. Dabei geht es vor allem um die Beweggründe der Mitarbeiter, um ihre Bereitschaft zu gemeinschaftlich koordinierter Leistungserstellung. Es geht um den lebendigen Input des Managements, die eigenen Mitarbeiter so zu stimulieren, dass sie ihre Leistung optimieren. Mit monetären Anreizen allein ist das aber nicht zu bewerkstelligen, Motivation ist gefragt.

Die experimentelle ökonomische Verhaltensforschung hat das speziell am Thema Fairness herausgearbeitet: Arbeitnehmer sind bereit, auf Geld zu verzichten, wenn ihre Fairness-Standards eingehalten werden. Werden diese hingegen verletzt, sinkt in ihren Augen die Reputation der Firma. Sie achten ihre Vorgesetzten nicht mehr und leisten weniger.

Geld und Motivation sind zusammen die Stimulatoren für eine leistungsfähige Unternehmensorganisation. Doch leider sind Manager manchmal überfordert, das zu leisten, wofür sie eigentlich bezahlt werden – dafür zu sorgen, dass ihre Untergebenen hervorragend arbeiten. Hier bewährt sich das, was man Unternehmenskultur nennt. Kultur – vom Lateinischen »cultura« – ist Hege und Pflege des Humankapitals, eines immer bedeutsamer werdenden Vermögens der Unternehmen. Organisationen, die das nicht beachten, binden ihre Arbeitnehmer nicht. Die Wechsel- und Suchkosten steigen.

Die Anerkennung der Mitarbeiter ist eine Führungsaufgabe. Wenn das obere Management dieses Wertesystem (Value Management) nicht ausdrücklich und vorbildlich vertritt, ist der Durchsetzungswert gering. Um das noch einmal allgemeiner zu fassen: Wirtschaft und Ethik – das ist kein Thema, bei dem der Wirtschaft eine fremde Moral übergestülpt werden soll. Vielmehr geht es um die Moral, die in der Wirtschaft – in den Unternehmen, in den Märkten – fast automatisch mitläuft. Moral ist ein Faktum, mit dem die Wirtschaft rechnen muss. Tut sie das nicht, entstehen Kosten, die in eine neue Betriebswirtschaftslehre systematisch einfließen müssen (Werte, Haltungen, informelle Regeln, Intangible Assets, Diskrimierungsabbau ...).

Auch Konsumenten haben eine Moral, zwar diffus und zerstreut, aber bestimmte Qualitätsstandards dürfen nicht unterschritten werden, sonst verweigern sie den Kauf (moralischer Konsum). Andererseits bevorzugen bestimmte Käuferschichten Produkte und Leistungen, die moralisch ausgezeichnet sind. Das gilt nicht nur für Aktien moralisch evaluierter Unternehmen, sondern auch für Gesundheitsprodukte, schadstofffreie Lebensmittel, naturbelassene Kleidung, Autos mit geringen Emissionswerten et cetera. Solche »moralischen Märkte«, ob ökologisch, gesundheitlich, klimabezogen, reputationswertig oder sozial orientiert, sind neue aufkommende Märkte – durchaus profitorientiert, aber auf der Basis bestimmter nachweisbarer Produktstandards. Umgekehrt werden Märkte »bestraft«, wenn sie diese Standards unterlaufen (so zum Beispiel Kampagnen gegen spritfressende Autos in den USA oder gegen Genmais).

Ob Mitarbeiter oder Kunden: Bestimmte moralische Standards dürfen nicht missachtet werden, wenn man nicht Wettbewerbseinbußen oder einen Leistungsabfall riskieren will. Die Ethik der Wirtschaft ist keine Spielerei, sondern ein Teil der Wertanalyse – in der Doppelbedeutung von Werten (moralisch) und Werten (Preisen). Das ist ein relevanter Faktor.

Karl-Heinz Büschemann

Die nächste Revolution

Die Welt steht unter Schock. Eine zerstörerische Krise geht um den Globus, die Börsen in den Abgrund reißt, Banken in die Pleite treibt und Regierungen zwingt, die Institute zu retten. Milliarden aus Steuergeldern fließen in diese Aktionen, sogar das sozialistische Rezept der Verstaatlichung von Banken ist heute ein probates Mittel zur Rettung des Kapitalismus.

Wo ein solches Durcheinander herrscht, wo ganze Nationen pleitegehen und Volkswirtschaften in die Rezession stürzen, ist es naheliegend, nach Schuldigen zu suchen. Die sind schnell ausgemacht: Die Manager sind schuld, die Investmentbanker und Hedge-Fonds-Trickser. Selbst die Bundeskanzlerin, die sich gemeinhin mit der Verurteilung ganzer Gruppen zurückhält, beklagte sich über »unverantwortliche Manager«, die sie künftig zur Verantwortung ziehen wolle. Der Bundespräsidenten-Kandidat der Linken, der Fernsehkommissar Peter Sodann, schlug sogar öffentlich vor, den Deutsche-Bank-Chef Josef Ackermann zu verhaften. Diese Äußerungen – so unterschiedlich sie auch sein mögen – machen deutlich, wie es um das Ansehen der Manager steht und wie tief die Kluft zwischen Politikern und Unternehmensführern inzwischen ist.

Beide waren sich noch nie sonderlich grün. Doch jetzt ist der Bruch besonders deutlich geworden – und es wird zugleich klar, dass es keinen Sinn hat, wenn beide Seiten aufeinander einschlagen. Nach diesem Desaster werden sie sich aufeinander zubewegen müssen. Dafür müssen beide Seiten umdenken. Mal wieder.

Nach dem Fall der Mauer im Jahr 1989 war auch im Westen einiges zusammengekracht, zum Beispiel die schöne Welt der Deutschland AG. In der hatten die Spitzenmanager ein gutes Leben, sie verdienten prächtig, aber sie taten sich gegenseitig nicht weh, gingen nur wenige Risiken ein, und die berechtigten Interessen ihrer Aktionäre haben sie systematisch ignoriert. Diese wurden weder gefragt, noch bekamen sie eine gute Verzinsung für ihr eingesetztes Investment. Doch plötzlich galt eine neue Doktrin, die wurde das Shareholder-Value-Prinzip genannt. Von nun an wurde alles, was im Unternehmen schiefging, mit der Globalisierung begründet und dem Zwang zur Steigerung des Unternehmenswertes.

Mit der Immobilien-, Finanz- und Realwirtschaftskrise ist nach nicht einmal zwei Jahrzehnten auch diese Doktrin in die Defensive geraten. Mit Hingabe diskutieren Medien, Politiker und Intellektuelle über den Sinn von Marktwirtschaft und Kapitalismus. Die einen fordern die Rückkehr zur sozialen Marktwirtschaft des Ludwig Erhard. Sie behaupten, der Turbokapitalismus der vergangenen beiden Jahrzehnte habe die Anstandsprinzipien des Marktes gesprengt und die Wirtschaft zu einem Casino gemacht, das Reiche noch reicher macht und die Armen in den Abgrund stürzt. Die bestehende Wirtschaftsordnung müsse ersetzt werden durch eine neue.

Die Frage jedoch, was an die Stelle des Marktes treten solle, bleibt meist unbeantwortet. Selbst Heiner Geißler, einer der härtesten Kritiker des ungezügelten Kapitalismus, räumte kürzlich ein: »Es gibt keine Alternative zum Markt.« Zurück zum Sozialismus der DDR wollen nur wenige. Doch viele sagen, ein fröhliches »Weiter so« sei unmöglich. »Das ganze Programm einer hemmungslosen Unterwerfung der Lebenswelt unter Imperative des Marktes muss auf den Prüfstand«, verlangt der Philosoph Jürgen Habermas.

Die Deutschen lassen sich aber trotz der Mängel des Wirtschaftssystems nicht davon abhalten, auch die handelnden Personen gründlich zu schelten. Den Managern eins auszuwischen, die kollektiv im Ruf stehen, für ein paar Prozent Kurszuwachs nach Belieben Arbeitsplätze wegzurationalisieren, ist en vogue. Daher rückt nun auch der Deutsche-Bank-Chef Ackermann wieder in den Blickpunkt. Der war, nachdem er sich 2004 mit dem Victory-Zeichen beim Mannesmann-Prozess in die Gruppe der Prügelknaben manövriert hatte, wieder zum Wunderkind geworden. Die Finanzkrise ließ seinen Stern erneut so weit sinken, dass nun alles falsch zu sein scheint, was er sagt. Selbst als er öffentlich verkündete, dass er sich schämen würde, wenn die Deutsche Bank Hilfe vom Staat in Anspruch nehmen würde, wurde er nicht gelobt, sondern getadelt – weil er mit dieser Haltung das Banken-Rettungsprogramm der Regierung diskreditiere. Die Politiker fanden es empörend, dass einer ohne ihre Hilfe auskommen will.

Der Chef eines DAX-Konzerns spricht in kleiner Runde von der »Zeit des Heimzahlens« durch die Politiker. Er ist überzeugt, dass das Pendel zurückschlägt und die Politiker sich jetzt rächen. Das kann man so sehen. Die Regierungsvertreter in Berlin und den Ländern geben sich seit dem Beginn der Finanzkrise extrem selbstbewusst. Man kann spüren, wie sehr sie es genießen, dass sie jetzt wieder gefragt sind. Zuvor waren sie jahrelang aufgefordert worden, sich aus dem Wirtschaftsgeschehen herauszuhalten und die Manager machen zu lassen. Bundesfinanzminister Peer Steinbrück (SPD) ist die Genugtuung darüber anzusehen, dass die Kaste der Manager entzaubert wurde und der Staat in den Medien als der einzige Hort gepriesen wird, der noch Vertrauen genießt. Den Sozialdemokraten und auch etlichen in der Union gefällt, dass er jetzt endlich die Möglichkeit hat, die Managergehälter zu beschränken – wenigstens bei den Banken, welche die Hilfe des Staates in Anspruch nehmen.

Doch Rache ist ein schlechter Ratgeber, auch für den, der recht hat. Die Politiker vergessen, dass sie an der Immobilienblase und der anschließenden Finanzkrise mindestens ebenso schuld sind wie einige gewissenlose Manager. Es war der Wunsch der amerikanischen Regierung, möglichst vielen Menschen, auch Schlechtverdienern, per Kredit ein Eigenheim zu verschaffen. Die Kontrollen über Banken und Finanzmärkte waren in den USA wie in Europa völlig mangelhaft. Für Deutschland sei noch kritisch angemerkt, dass gerade die Banken am tiefsten in die Finanzkrise verstrickt sind, die dem Staat gehören und von Politikern kontrolliert werden.

Diese Krise zeigt, dass sowohl Manager als auch Politiker krass versagt haben, und dass auch viele Medien versagt haben, weil sie nicht frühzeitig oder laut genug Alarm schlugen. Umso klarer muss allen Beteiligten sein, dass es in Wirtschaft, Unternehmen und Politik nicht so weitergehen kann. Auch nicht, wenn diese Krise eines Tages ausgestanden sein sollte.

Es täte gut, wenn jetzt Manager bereit wären, sich kritisch mit dem eigenen Verhalten auseinanderzusetzen – und zwar öffentlich. Aber sie bleiben meist stumm. So entsteht der Eindruck, dass sich die Politiker in der Rolle der Gerechten sehen und die Manager abtauchen. Ausgerechnet sie nehmen an der Debatte über Fehlentwicklungen in den zurückliegenden Jahren faktisch nicht teil, so als hätten sie mit der Misere nichts zu tun. Auch von Verbänden wie dem BDI ist nichts Nachdenkliches zu hören. Und wenn mal einer etwas sagt, bleiben die Sätze vage.

Werner Wenning, der Chef von Bayer, gibt zwar zu, es habe bei den Managergehältern »Auswüchse gegeben«, aber die Industrie habe sich im Gegensatz zur Finanzwirtschaft nichts vorzuwerfen. Sogar innerhalb der Manager-Kaste wird noch der Schwarze Peter herumgeschoben. Immerhin hat Commerzbank-Chef Martin Blessing klare Worte über seine Branche gefunden: »Die gesamte Bankenbranche trägt große Verantwortung an der Krise – auch ich.« Eine Ausnahme.

Dabei müssten die Manager am besten wissen, was die Wirtschaft kann und was Unternehmen niemals zustande bringen können. Wer, wenn nicht Spitzenkräfte von Industrie oder Banken, soll wissen, dass es eine Kapitalrendite von 25 Prozent auf Dauer nicht geben kann? Josef Ackermann hatte seinen Aktionären eine solche Rendite versprochen und damit die Latte für die gesamte Wirtschaft zu hoch gelegt. Die Deutsche Bank hat diese Marke für kurze Zeit erreicht und dafür Lob kassiert. Bis der Absturz kam und die Risiken deutlich wurden, die für dieses Ziel in Kauf genommen worden waren.

Eine so hohe Rendite verspricht die Amortisation einer Investition in gerade mal vier Jahren – das schaffen eigentlich nur Unternehmen, die eine Monopolstellung haben. Solche Renditeziele zum Normalfall zu erklären, ist daher mehr als ein lässlicher Sündenfall. Wer so etwas für dauerhaft möglich erklärt, hat die Marktwirtschaft nicht verstanden. Ein funktionierender Markt würde durch das Hinzutreten von Konkurrenz solchen exorbitanten Renditechancen schnell ein Ende machen.

Manager müssen sich wieder auf die klassischen Prinzipien unternehmerischen Handelns besinnen und mit Fabriken und Produkten reale Werte schaffen, statt lediglich Aktienkurse in den Himmel zu treiben. Die Börsenkapitalisierung und der Wert des Unternehmens sind nur langfristig identisch. Sie fallen insbesondere dann auseinander, wenn eine Kurssteigerung allein durch Aufkäufe zustande kommt. Erneut mag Josef Ackermann als Zeuge hinzugezogen werden. Er hatte anlässlich des Mannesmann-Prozesses laut beklagt, Deutschland sei »das einzige Land, wo diejenigen, die Erfolg haben und Werte schaffen, deswegen vor Gericht gestellt werden«. Der Kauf von Mannesmann hat aber keinen Wert geschaffen, denn später wurde deutlich, dass die Übernahme den Preis der Aktie nur kurzzeitig nach oben getrieben hat. Viele alte Mannesmann-Betriebe jedoch wurden unwiederbringlich in alle Winde zerstreut.

Die Unternehmenschefs werden, das ist die Ironie dieser Krise, zur neuen Bescheidenheit gezwungen: Wegen der schwachen Kundennachfrage werden die Gewinne jetzt schrumpfen oder ganz verschwinden. Die Manager werden sich also wieder auf langfristige Ziele konzentrieren müssen. Das Abhaken kurzfristiger Quartalsziele wird nicht mehr als Nachweis guter und dauerhaft erfolgreicher Unternehmensführung durchgehen.

Die Autoindustrie bekommt die Folgen des Kurzfristdenkens gerade zu spüren – nicht nur in den USA, wo General Motors, einst Symbol für das großartige Amerika, als erstes großes Opfer des amerikanischen Finanzwahns am Rand der Pleite steht. Die Autoindustrie hat bisher praktisch keine Vorkehrungen für die Zeit getroffen, in der Benzin und Diesel knapp werden oder unbezahlbar. Und diese Zeit wird kommen. Auch die Kunden wissen das: Sie haben sich längst von den spritschluckenden Geländevehikeln abgewandt, die BMW genauso anbietet wie Toyota oder Ford.

Doch die Entwicklung neuer Antriebe, die in 20 oder 30 Jahren eine Alternative sein könnten, läuft noch immer auf kleiner Flamme. Denn was sich in 20 Jahren als neuer Antrieb durchsetzen wird, ist heute noch nicht absehbar – und niemand will Geld in Technologien stecken, die sich vielleicht nicht durchsetzen. Die Aktionäre könnten es missbilligen, also tut man lieber nichts.

Längerfristiges Denken wird in den Führungsetagen aber leichter fallen, da die Ideologen des Quartalsdenkens, vor allem die Analysten der Investmentbanken, in dieser Krise die größte aller möglichen Niederlagen erlitten haben. Die klassischen Investmentbanken sind praktisch über Nacht verschwunden und entsprechend hat auch das Ansehen der Analysten gelitten. Die schneidigen jungen Herren, die so manchen langgedienten Unternehmenschef mit forschen Renditeforderungen ins Schwitzen brachten, werden sich künftig bei der Beurteilung von Konzernstrategien mehr Mühe geben müssen.

Es führt aber auch kein Weg daran vorbei, dass die Aufsichtsräte den Firmenchefs stärker auf die Finger schauen müssen. Das war schon bisher schwierig und wird sicher nicht leichter. Aufsichtsräte dürfen sich, so verlangt es das Gesetz, nicht in das Tagesgeschäft des Unternehmens einmischen. Die wirksame Kontrolle der Manager ist unter solchen Bedingungen eine echte Herausforderung. Angesichts der Erfahrungen aus der Krise kommen die Unternehmen deshalb nicht um die Frage herum, ob sie nicht professionellere Aufsichtsräte brauchen – Experten, die mehr Zeit haben als die Teilzeitkontrolleure, die jetzt die Aufsichtsräte bevölkern.

In einer zentralen Frage wird die Debatte in der nächsten Zeit entspannter verlaufen: Der Ärger über die hohen Gewinnbeteiligungen der Vorstandsvorsitzenden wird abnehmen, aus zweierlei Gründen. Erstens haben die meisten Aufsichtsräte begriffen, dass sie in den 1990er-Jahren gravierende Fehler gemacht haben, als sie große Teile der

Bezüge an den Erfolg des Unternehmens oder an den Aktienkurs koppelten. Die an den Gewinn geknüpften Gehaltssteigerungen machten manchen Vorstandschef zum Krösus und lösten bei vielen Aufsichtsräten Ratlosigkeit aus: Mit dieser Gewinn- und Gehaltsentwicklung hatten sie nicht gerechnet. Längst arbeiten die Kontrolleure an Modellen, in denen Exzesse wie in den Jahren 2006 und 2007 ausgeschlossen sind. Zweitens ist klar, dass die Gehälter sinken werden, da die Gewinne für 2008 deutlich unter denen der vorangegangenen Jahre liegen. Mancher Manager wird froh sein, wenn er für sein Unternehmen im kommenden Jahr überhaupt noch einen Gewinn vorweisen kann.

Gut wäre es, wenn auch die Politiker ein wenig nachdenklich würden. Auch sie werden aus der aktuellen Schieflage der Weltwirtschaft Konsequenzen ziehen müssen. Sie werden zur Kenntnis nehmen müssen, dass sie ein Teil des Problems sind: In einer Zeit der Globalisierung, in der Unternehmen weltweit handeln und Finanzströme vor den nationalen Grenzen nicht mehr Halt machen, herrscht in Europas Wirtschaftspolitik noch weitgehende Kleinstaaterei. Gleiches gilt für die Kontrolle der Finanzmärkte. Politiker geben nicht gern Kompetenzen ab, doch solange sich die Regierungen in ihrer nationalen Rolle gefallen, haben sie keinen Grund, sich über international agierende Manager zu erheben.

Ulrich Schäfer

Vom Verlust der Tugenden

Es war ein klitzekleiner Unterschied, den Bundespräsident Horst Köhler machte, als er Deutschlands Finanzmanagern die Leviten las. Der Unterschied, das war ein einziger Buchstabe – ein »i«. Die Banker, forderte der Bundespräsident auf einem Kongress in Frankfurt, sollten wieder zu Bankiers werden. Nicht jeder im Saal, den Köhler ansprach, verstand tatsächlich, was der ehemalige Banker Köhler, der einst Präsident des Deutschen Sparkassen- und Giroverbands war, damit eigentlich meinte. Vertreten waren die Vorstandschefs fast aller namhaften Kreditinstitute, die Repräsentanten der urdeutschen Häuser ebenso wie die Abgesandten jener internationalen Finanzinstitute, die bis zum September dieses Jahres noch als Investmentbanken firmierten.

Banker und Bankier – der eine Buchstabe zeigt, dass sich etwas geändert hat im Land. Nicht erst vor ein paar Jahren, sondern irgendwann in den 1980ern. Und nicht bloß in den Banken, sondern auch in den übrigen Führungsetagen der deutschen Wirtschaft. Der Bankier, so muss man Köhler verstehen, dachte nicht zu allererst an den Gewinn, an die Rendite, ans EBITDA, wie eine dieser schrecklichen englischen Abkürzungen dafür heißt. Nein, der Bankier denkt zuerst an sein Land, an die Gesellschaft, seine Verantwortung anderen gegenüber.

Der Banker dagegen, so kann man den Bundespräsidenten interpretieren, ist vor allem sich selbst verpflichtet, den eigenen komplizierten Geschäften, die außer einigen Eingeweihten niemand mehr versteht. Die Produkte heißen CDO, ABS oder MBS – auch so fürchterliche Abkürzungen. Der Banker dient in erster Linie nicht dem Land, sondern den Kapitalmärkten. Er ist kein Patriot, sondern ein Anhänger des Shareholder-Value.

Das ist sicher eine zugespitzte Beschreibung dessen, was Köhler mit seinem kleinen, feinen Unterschied verdeutlichen wollte. Doch sie zeigt, wie sehr sich das Bild des Managers und Unternehmers in Deutschland im Laufe der Jahrzehnte gewandelt hat. Die Gründer und Patriarchen – sie sind verschwunden. Die Herren der Deutschland AG – sie haben abgedankt. Das engmaschige Netz derjenigen, die sich gegenseitig kannten und stützten, deren Unternehmen und Interessen miteinander verwoben waren – es ist verschwunden. Der rheinische Kapitalismus, diese gemäßigte Form des unternehmerischen Gewinnstrebens – er ist Vergangenheit.

Dieser Typus wurde verkörpert von Unternehmern wie Josef »Necko« Neckermann, dem Vater des deutschen Versandhandels, von Carl Friedrich Wilhelm Borgward, dem eigensinnigen Automobilunternehmer aus Bremen, oder von Max Grundig, der die Deutschen mit Radios, Fernsehern und Diktiergeräten versorgte.

Neckermann beglückte die Deutschen per Katalog und Postversand mit allem, was sie damals im Wirtschaftswunder brauchten: Er lieferte ihnen erst Kleidung, dann Radios,

Fernseher, Waschmaschinen und Mopeds. »Neckermann macht's möglich« lautete sein Werbespruch. Und so verkaufte Neckermann schließlich auch Flugreisen und komplette Fertighäuser.

Borgward baute Autos, die später zur Legende wurden: den Lloyd 300, Spitzname »Leukoplastbomber«, ein Mini-Auto mit vier Sitzen, dessen Außenhaut mit Kunststoff überzogen war, oder die »Isabella«. Borgward war die Nummer vier auf dem deutschen Automarkt, hinter VW, Opel und Ford, doch Anfang der 1960er-Jahre ging das Unternehmen pleite.

Grundig schließlich lieferte den Deutschen nach dem Zweiten Weltkrieg Radios, als der Verkauf von Rundfunkgeräten noch verboten war. Also brachte er den Radiobausatz »Heinzelmann« auf den Markt, später folgten Elektrogeräte en masse.

Diese Art von Managern und Unternehmern bestimmte in den Wiederaufbau-Jahren nach dem Krieg die Wirtschaft der Bundesrepublik. Und der Bankier schlechthin, der Mann, der das Bild des Geldgewerbes dieser Zeit prägte, war Hermann Josef Abs, der legendäre Vorstandssprecher der Deutschen Bank, der über beste Drähte überallhin verfügte – zu den wichtigen Unternehmen und in die Politik. Er war ein Mann, der bei allem Machtstreben – dokumentiert durch zeitweise 30 Aufsichtsratsmandate – sich seiner gesellschaftlichen Verantwortung durchaus bewusst war.

So veröffentlichte Abs im Jahr 1973 im *Handelsblatt* einen Aufsatz mit der Überschrift »Gewinn ist gut, aber nicht alles«, in dem es um das Selbstverständnis von Unternehmern ging: Der Gewinn sei »eine Lebensvoraussetzung für jedes Unternehmen und so notwendig wie die Luft zum Atmen für den Menschen. Wie der Mensch aber nicht nur lebt, um zu atmen, so betreibt er auch nicht seine wirtschaftliche Tätigkeit, nur um Gewinn zu machen«. Die Aufgabe der Unternehmen sei es, die Gesellschaft mit Waren und Dienstleistungen zu versorgen und Arbeitsplätze zu schaffen – und nicht etwa den Aktienkurs zu steigern. Es sei wichtig, dass der Unternehmer ein »waches Gespür für die Regungen und Stimmungen in seiner gesellschaftlichen Umwelt mitbringt und sich in jeder einzelnen seiner Entscheidungen konsequent von seiner Gesamtverantwortung gegenüber der Gesellschaft leiten lässt«.

Doch solch ein Denken lässt sich in einer Zeit, in der das Leben von Managern von Analysten, Quartalszahlen und Finanzinvestoren bestimmt wird, kaum noch durchhalten. Alfred Herrhausen, der im Jahr 1989 von der RAF ermordete Vorstandssprecher der Deutschen Bank, war vielleicht der Letzte, den man noch als Bankier bezeichnen konnte. Doch schon er begann, jene angelsächsische Art des Geldgeschäfts einzuführen, die nun, zwei Jahrzehnte später, so sehr in Verruf geraten ist: das Investmentbanking. Noch unter seiner Führung kauft die Deutsche Bank 1989 das britische Investmenthaus Morgan Grenfell.

In den 1990er-Jahren wandelt sich dann das Bild des deutschen Managers und Unternehmers radikal. Während Deutschlands Wirtschaft insgesamt in einer Krise steckt, gelähmt durch die Bürden der Wiedervereinigung, wenden sich die deutschen Manager mehr und mehr der Heilslehre des Shareholder Value zu – jener Doktrin, nach der es das Ziel allen unternehmerischen Handelns sein soll, den Wert des Unternehmens, mithin den Aktienkurs, möglichst stark zu steigern. »Profit, Profit, Profit«, forderte Daimler-Chef Jürgen Schrempp. Andere folgten ihm voller Überzeugung, manche nur zögerlich, wie etwa Siemens-Chef Heinrich von Pierer – ein Manager der alten Schule, aber eben auch getrieben von der Börse, vom amerikanischen Rivalen General Electric, dessen Chef Jack Welch wie kein anderer für das Shareholder-Value-Denken steht.

Die endgültige Abkehr vom rheinischen Kapitalismus vollzieht sich schließlich im Jahr 2000, im Boom der New Economy, als nicht nur die Aktienkurse von kleinen Internet-Buden in die Höhe schießen, sondern auch von mächtigen DAX-Konzernen. Zwei Ereignisse stehen stellvertretend für diesen Wandel: Im Dezember 1999 bringt die rotgrüne Bundesregierung eine Steuerreform auf den Weg, die – versteckt im Kleingedruckten – den Konzernchefs erlaubt, künftig ihre Firmenbeteiligungen steuerfrei zu verkaufen. Es ist der Startschuss für eine beispiellose Börsenrally. Wenige Wochen später schließlich übernimmt der britische Konzern Vodafone den deutschen Rivalen und traditionsreichen Industriekonzern Mannesmann. Die Führungsspitze von Mannesmann lässt sich dies mit Abfindungen von insgesamt rund 30 Millionen Euro vergolden.

Und so übernahm zu Beginn dieses Jahrtausends in vielen Konzernen ein neuer Typ Unternehmensführer die Macht: der Portfolio-Manager. Dieser interessiert sich oft nicht so sehr für die Waren, die er produziert; er weiß aber, wie man Unternehmen kauft und verkauft. Der Portfolio-Manager ist das Gegenteil des alten Firmenpatriarchen, der sich für seine Mitarbeiter und deren Familien verantwortlich fühlt. Er ist kühl und nüchtern, denkt vor allem an den Aktienkurs. Der Portfolio-Manager hält nicht viel von traditionsreichen Firmennamen. Lieber lässt er eine Werbeagentur einen Kunstnamen für sein entkerntes Unternehmen entwickeln. Doch dieser Typus des Managers steckt nun, ebenso wie der Banker, in einer Sinnkrise – denn die Kapitalmärkte, die ihnen Orientierung gaben, sind ganz oder teilweise kollabiert.

Horst Köhler forderte die Manager deshalb in Frankfurt zur Umkehr auf. Er verlangte von ihnen mehr »Einfühlungsvermögen, Urteilskraft und Demut«, speziell auch von den Finanzmanagern. »Besinnen Sie sich«, rief der Bundespräsident ihnen zu, »wieder auf die Tugenden des soliden Bankiers.«

Marc Beise

Sommertheater: Warum die Politik die falschen Fragen stellt und dem Land schadet

Der Sommer 2008 in Berlin, die Hauptstadt leert sich. Regierende und Opposition verlassen die Stadt, ziehen sich in den Urlaub zurück oder beginnen den Landtagswahlkampf im südlichsten Bundesland Bayern, wo die CSU am 28. September ihre absolute Mehrheit verteidigen muss. Zeit für das übliche Sommertheater. Chancen auf die Spitzenplätze haben diesmal die Themen Atompolitik, Mindestlöhne und Pendlerpauschale.

Es handelt sich dabei um durchaus wichtige Diskussionen, die aber wie üblich sommertheatralisch verkürzt und damit irregeleitet werden. Die Frage der Kernkraft in Deutschland beispielsweise ist zeitgemäß – allerdings wird sie häufig auf Glaubensfragen reduziert: Atom? Zu gefährlich. Kohle? Zu schmutzig. Windräder? Hässlich. Sonne? Prima – nur dass alternative Energien längst nicht das Potenzial haben, die Energieversorgung Deutschlands sicherzustellen. Die Warnungen der Experten, dass es dringend eines vernünftigen Energiemix bedarf, der die stromintensive Industrienation Deutschland dauerhaft am Netz hält, verpufft ungehört.

Bei den Mindestlöhnen wiederum haben sich CDU und CSU, die diese eigentlich gar nicht wollen, und SPD, die sie möglichst flächendeckend wollen, auf einen Kompromiss geeinigt, der vor allem eines ist: kompliziert. Also kann es bald ganz viele Bereiche geben, in denen Mindestlöhne eingeführt werden – oder eben nicht. Eine richtungsweisende Politik sieht anders aus.

Es fehlt das Denken in größeren Zusammenhängen. Die Diskussion um die Pendlerpauschale ist gut und schön, aber muss nicht das ganze Steuerrecht auf den Prüfstand, das ungeordnet, ungerecht und ineffizient ist? Mit Mindestlöhnen in den Wirtschaftskreislauf einzugreifen, klingt sozial – zerstört es aber nicht mehr Arbeitsplätze, als es an positiven Effekten auslöst? Und wäre es nicht wichtiger, das Arbeitsrecht zu flexibilisieren, damit besonders im Mittelstand in guten Zeiten mehr eingestellt wird? Wer Jobs im Land halten will, braucht ferner eine neue und konsequente Forschungs- und vor allem Bildungspolitik: Viel wird darüber geredet – und immer noch viel zu wenig getan.

Vor allem fehlt ein Gesamtkonzept, wie die Chancen und Lasten in dieser Gesellschaft verteilt werden müssen. Wer die öffentliche Debatte verfolgt, könnte den Eindruck gewinnen, es gäbe nur das Problem der Absicherung der Schwachen. Das ist in der Tat eine wichtige Aufgabe – die aber immer vor dem Hintergrund des bereits erreichten Niveaus und der Möglichkeiten des Landes gesehen werden muss. In diesem Sommer ist den deutschen Rentnern eine Erhöhung der Bezüge um immerhin 1,1 Prozent zugestanden worden. Das kostet den Staat insgesamt mehr als 12 Milliarden Euro und zerfleddert die Rentenstrukturreform – obwohl es der heutigen Rentnergeneration im historischen Vergleich so gut geht wie keiner davor. Dagegen wird die Mittelschicht im Land, jene Bürger, die weder arm noch reich sind, still und leise, aber systematisch geschröpft – durch immer neue Abgaben, höhere Steuern und den Wegfall von Vergünstigungen.

Die Große Koalition ist zerrüttet und müsste eigentlich beendet werden. Doch weil das nicht geht, werden sich alle noch ein Jahr weiterquälen, bis endlich der Tag der nächsten Bundestagswahl erreicht sein wird. Wer aber sagt, dass danach irgendetwas besser wird?

Die Bundeskanzlerin Angela Merkel wiederum, die mit großen Hoffnungen ins Amt kam, sieht diesem Treiben weitgehend tatenlos zu. Sie perfektioniert sich im Erreichen politischer Kompromisse und verliert darüber womöglich den Kontakt zur Wirklichkeit. Wirtschaftstreibende dringen nicht mehr zu ihr durch, Expertenworte verhallen ungehört. Deutschland bräuchte jetzt eine Wirtschaftskanzlerin. Nicht eine, die der Wirtschaft und ihren Interessenvertretungen nach dem Mund redet, das nicht. Wohl aber eine, welche die Probleme des Landes erkennt, die wirtschaftspolitisch denkt und handelt. Denn der Wohlstand, der verteilt werden soll, muss erst einmal erarbeitet werden. Diese Erkenntnis klingt so banal, wie sie im politischen Diskurs konsequent verdrängt wird.

Marc Beise

Die Einflüsterer: Warum Lobbyisten schlecht für den Mittelstand sind

Das Schöne am politischen Berlin seien die Partys – sagen die, die nur zu Besuch kommen und sich nicht beinahe täglich auf Empfängen, Konzerten und Jahresversammlungen die Beine in den Bauch stehen. Politik trifft Wirtschaft, dieses Motto gilt an vielen Tagen des Jahres. Mit dem Weinglas in der Hand lassen sich leicht Geschäfte machen, lautet das Klischee über die Interessenvertreter der Wirtschaft im Dunstkreis des Gesetzgebers. Sie pendeln zwischen den Achsen der Macht in Berlin – vom Kanzleramt Richtung Osten und zurück, kleiner Abstecher ins Café Einstein inbegriffen. Spötter nennen den traditionsreichen Boulevard Unter den Linden schon einmal »Straße unter den Lobbyisten«.

Die Wirklichkeit ist grauer. Die wenigsten Absprachen werden wirklich en passant am Büfett besiegelt, wohl aber kommt man sich dort näher. Wer seine Kontaktdaten an mehr oder weniger einflussreiche Politiker und andere Entscheider losgeworden ist, hat schon mal die erste Hürde genommen, Einfluss zu bekommen. Von nun an ist man in Kontakt: »Wir hören voneinander!« Lobbyismus – das Wort kommt von englisch »lobby« für Vorraum und gilt laut Brockhaus als Synonym für die Beeinflussung von Politikern (Abgeordneten) durch Interessenvertreter. Keine

Hauptstadt der Welt kommt ohne Lobbyisten aus. Eigentümlich nur, dass man offiziell keinem von ihnen je in Berlin begegnet.

Stattdessen stellen sich die Gesprächspartner ausweislich ihrer Visitenkarte als Berater, Repräsentant, Geschäftsführer oder Public-Affairs-Manager vor. Sie arbeiten für Verbände, Anwaltskanzleien, Unternehmensberatungen, Kommunikationsagenturen. Mehrere tausend Interessenvertreter vor allem aus der Wirtschaft sind in Berlin unterwegs, es mögen schon 5.000 sein, in der europäischen Hauptstadt Brüssel spricht man sogar von 15.000 Einflüsterern.

Verbände verlieren Einfluss

Klassisch vertreten vor allem allgemeine Verbände die Interessen der Wirtschaft. Die drei Spitzenvereinigungen der Arbeitgeber, der Industrie und der Kammern haben sich in Ost-Berlin sogar einen gemeinsamen Glaspalast gebaut, wobei dort jeder Präsident mit seinem Hauptgeschäftsführer und der ganzen Entourage in einem eigenen Flügel residiert. Noch – muss man ja sagen, weil die Bundesvereinigung der Deutschen Arbeitgeberverbände (BDA) und der Bundesverband der Deutschen Industrie (BDI) sich zäh um eine Fusion bemühen. Erstens weil das Kosten spart, worauf die Mitgliedsfirmen drängen, und zweitens, weil es womöglich die Kraft des Argumentes gegenüber der Regierung stärkt, mit einer Stimme zu sprechen. Denn es ist unübersehbar, dass die drei Großen, BDA, BDI und der Deutsche Industrie- und Handelskammertag (DIHK), an Einfluss verloren haben. Ziemlich ratlos irrlichtern ihre

Vertreter durch Berlin, regen hier dieses an und warnen dort vor jenem – und stoßen bei der Großen Koalition aus Union und SPD doch im Wesentlichen in Watte. Was auch daran liegt, dass die Frau im Kanzleramt wenig übrig hat für die ganze Verbandsmeierei. Brav kommt Angela Merkel zwar noch zu den Jahrestagungen von BDI und BDA, aber die wichtigen Gespräche führt sie im Kanzleramt, wohin sie die Chefs der großen Konzerne bestellt. Das ist ganz wie bei Vorgänger Gerhard Schröder, nur dass es bei Frau Kanzlerin weniger krachledern zugeht als damals in den berüchtigten Rotweinrunden.

Der Bedeutungsverlust der Allgemeinverbände und die wachsende Bedeutung von individuellen Firmenvertretungen bedingen sich. Es mögen schon 100 oder 150 Konzerne sein, die so in Berlin vertreten sind; im guten alten Bonn gab es kaum ein Dutzend. Die Chefs der Berliner Repräsentanzen nennen sich gern »Außenminister« ihrer Firma – nur eben bitte nicht Lobbyist. Denn das würde nach unseriösem Geschäftsgebaren klingen, nach Dunkelmännertum, Strippenzieherei. Dabei sind die Kontakte sinnvoll – und vom Gesetzgeber gewollt. Beim Deutschen Bundestag in Berlin sind knapp 2.000 Gruppen registriert. Das garantiert einen Hausausweis fürs Parlament und die Möglichkeit, bei Anhörungen zu Wort zu kommen; kurz, es ist die Lizenz zur offiziellen Einflussnahme beziehungsweise zum Versuch Einfluss zu nehmen.

Die Politiker selbst geben zu, Beratung zu brauchen. So kompliziert sind mittlerweile die Gesetzgebungsverfahren im Steuerrecht, bei der Gesundheit, im Umweltbereich, dass es ohne den vorherigen Rat der Wirtschaft gar nicht geht. Die Experten transportieren die Praxiserfahrung: Wird die Gesetzesänderung so funktionieren, wie der Gesetzgeber es will? Wird die Wirtschaft, wird das einzelne Unternehmen überfordert? Gut gemeint, schlecht regiert? Dies zu verhindern, ist der hehre Aspekt des Lobbyismus. Fragwürdig wird das Verfahren, wenn die Vorstellungen ungefiltert in die Gesetzgebung einfließen – was vorkommt und dann von aufmerksamen Kritikern des Systems punktgenau entlarvt und aufgespießt wird.

Wenn nicht alles trügt, verschwimmt die Grenze zwischen Staat und Interessengruppen immer mehr – auch weil die Lobbyisten immer professioneller agieren. Es ist kein Zufall, dass in den vergangenen Jahren immer mehr Journalisten der Verlockung des etwas größeren Geldes erlegen sind und die Seite gewechselt haben. Für die Firmen sind die früheren Journalisten Gold wert. Sie kennen sich im politischen System aus, sind bestens vernetzt und routiniert in der Informationsbeschaffung und -weitergabe.

Einfach die Seiten wechseln

Erstaunlich ist, wie einfach der Wechsel manchmal funktioniert. Gestern schrieben sie über Rente oder Parteipolitik, heute vertreten sie die Interessen von Großkonzernen gegenüber der Politik – und das Ganze möglichst unauffällig, versteht sich. Nur abends an der Hotelbar, wenn Vertraulichkeit garantiert wird, brüstet man sich schon einmal des konkreten Einflusses auf sehr konkrete Gesetze und beziffert nicht ohne Stolz die Millionensumme, die man seinem Unternehmen durch die Streichung eines Halbsatzes im Entwurf des Änderungsgesetzes gespart hat. Dass man eigentlich immer noch Journalist sei, eigentlich auch immer noch wie ein solcher arbeite (»Fakten sammeln und ordnen«), klingt dann doch ein wenig unglaubwürdig.

Beschäftigung finden auch ehemalige Politiker, gern mit ministerialer Erfahrung, denen besonders bei den immer zahlreicheren Beratungsfirmen gut dotierte Posten winken. Und sie alle haben genug zu tun, weil die Politik immer kurzatmiger geworden ist, immer kleinteiliger und man an vielen Stellen Einfluss nehmen kann, wenngleich immer nur ein bisschen und sehr detailliert.

Große Schlachten sind selten geworden in Angela Merkels Berlin. Große Lösungen aber bräuchte der Mittelstand, für den die Rahmenbedingungen stimmen müssen und weniger die Details. Hier geht es um die Senkung der Steuer- und Abgabenlast oder den Rückschnitt der Bürokratie. Diese Themen jedoch haben keine erfolgreiche Lobby in Berlin.

Große und kleine Lobbyisten				
Name	**Gründungsjahr**	**Mitglieder**	**Sitz**	**Präsident/ Vorsitzender**
Bund katholischer Unternehmer (BKU)	1949	1.200 Unternehmer, Freiberufler, Selbstständige, Führungskräfte	Köln	Marie-Luise Dött

Bundesverband der Freien Berufe (BFB)	1949	88 Spitzenverbände	Berlin	Dr. med. Ulrich Oesingmann
Bundesverband des Deutschen Textileinzelhandels (BTE)	1950	35.000 Unternehmer	Köln	Steffen Jost
Bundesverband der Deutschen Industrie (BDI)	1949	Spitzenvertretung mit 38 Mitgliedsverbänden	Berlin	Hans-Peter Keitel
Bundesverband Junger Unternehmer (BJU)	1950	1.500 Unternehmer	Berlin	Dirk Martin
Bundesverband mittelständische Wirtschaft (BVMW)	1975	54.000 Unternehmer, 40 Verbände	Berlin	Mario Ohoven
Bundesverband der Selbstständigen (BDS)	1981	60.000 Selbstständige	Berlin	Dorothea Störr-Ritter
Deutscher Industrie- und Handelskammertag	1861	Dachorganisation der 80 IHKs	Berlin	Ludwig Georg Braun
Deutscher Mittelstandsbund (DMB)	1982	16.000 Unternehmer	Düsseldorf	Klaus Vogel
Die Familienunternehmer ASU	1949	5.000 Unternehmer	Berlin	Dr. Patrick Adenauer
Europaverband mittelständischer Unternehmen und Verbände (EMU)	1992	8.200 Unternehmer	Mammendorf	Heinz Hielscher

Hauptverband des Deutschen Einzelhandels (HDE)	1919	100.000 Unternehmer	Berlin	Josef Sanktjohanser
Union mittelständischer Unternehmen (UMU)	1985	68.000 Unternehmer	München	Hermann Sturm
Verband Deutscher Maschinen- und Anlagenbau (VDMA)	1890	3.000 Unternehmer	Frankfurt a. M. und Berlin	Manfred Wittenstein
Verband deutscher Unternehmerinnen (VDU)	1954	1.500 Unternehmer	Berlin	Petra Ledendecker
Verband Selbstständiger und Gewerbetreibender	1975	15.000 Unternehmer	Bonn	Dr. Christoph Brüßel
Wirtschaftsjunioren Deutschland (WJD)	1954	10.000 Unternehmer und Führungskräfte	Berlin	Anja Kapser
Zentralverband des Deutschen Handwerks (ZDH)	1949	54 Handwerkskammern, 38 Zentraldachverbände des Handwerks	Berlin	Otto Kentzler

Elisabeth Dostert

»Die Politik handelt nicht zum Wohle des Bürgers«

Interview mit Patrick Adenauer, Präsident des Verbands Die Familienunternehmer – Arbeitsgemeinschaft Selbstständiger Unternehmer (ASU) und Enkel des ersten deutschen Bundeskanzlers, Konrad Adenauer.

Herr Adenauer, Erbschaftsteuer, Unternehmenssteuerreform, Mindestlohn – die jüngsten Reformen der Großen Koalition empfinden viele Familienunternehmer eher als eine Belastung denn als Entlastung. Wie konnte es so weit kommen? Haben Unternehmer und ihre Lobbyisten keinen Einfluss mehr in Berlin?

In der Öffentlichkeit wird der Eindruck erweckt, dass der Aufschwung bei den Bürgern nicht ankommt. Das ist das Generalthema der Diskussion, die stark von den Linken und von der SPD befeuert wird. Und die Union fürchtet, dass sie als unsozial dastehen könnte. Aus Sorge, Wähler zu verlieren, macht sie bei der populistischen Debatte mit, statt die Erfolge der Wirtschaftspolitik der vergangenen Jahre aktiv zu verkaufen. Dadurch macht sie die Linke erst stark, wie die Wahlergebnisse in Hessen und Niedersachsen gezeigt haben.

Kommt der Aufschwung denn wirklich bei den Bürgern an?

Natürlich, aber immer mit Zeitverzögerung. Die Unternehmen müssen doch erst einmal die Gewinne erwirtschaften, die dann in der Folge auch zu höheren Löhnen führen. Dass diese Zeitverzögerung systemtypisch ist, steht in jedem Lehrbuch. Aber es wird den Bürgern nicht erläutert.

Sie geben also zu, dass der Aufschwung noch nicht in der Bevölkerung angekommen ist?

Was heißt zugeben! Die Einkommen steigen, die Lohnzusatzkosten sinken, die Leute haben netto mehr in der Tasche. Der Aufschwung kommt an. Es arbeiten mehr Menschen, und die Sozialkassen erholen sich langsam. Aber wir lassen uns eine Diskussion aufdrängen, dass der Aufschwung nicht ankommt.

Und Sie fühlen sich als Buhmann?

Genau. Die Politik hat einen neuen Feind entdeckt, die Manager. Natürlich gibt es Fälle, die öffentlich genannt werden müssen. Dank der Gesamtentlohnung des ehemaligen DaimlerChrysler-Chefs Jürgen Schrempp und der jüngsten Verdächtigungen gegen Post-Chef Klaus Zumwinkel hat man jemanden, auf den man eindreschen kann. Das sind aber absolute Einzelfälle, allerdings sehr prominente. Dennoch: Die Mehrzahl der Manager arbeitet solide.

Familienunternehmer sind ja gar keine Manager, die Kritik könnte Sie also kaltlassen.

Leider nicht. Das Problem ist, dass in der öffentlichen Diskussion das ganze System in Misskredit gerät. In diesem populistisch geprägten Umfeld müssen auch wir Familienunternehmer agieren. Es wird für uns immer schwerer, mit der Politik ins Gespräch zu kommen.

Weil die auf Volkes Stimme hört?

Im Vorfeld der Landtagswahlen trieb jede Partei die Sorge, unsozial zu sein. Vor zwei Jahren galt noch der Grundsatz: Sozial ist, was Arbeit schafft. Heute gilt: Der Staat muss die Bürger mehr alimentieren und verwöhnen, und das Geld dafür muss man den sogenannten »Reichen« wegnehmen.

Das heißt aber nichts anderes, als dass der Einfluss der Unternehmer und ihrer Verbände nicht mehr so groß ist?

Was heißt schon Einfluss? Wie sollen denn Verbände Einfluss nehmen?

Naja, die Lobbyisten drängen immer wieder die Politik, Reformen für ihre Klientel zu machen. Das gelingt mal mehr, mal weniger.

Der Verband der Familienunternehmer betreibt keine Klientel-Politik.

Sondern?

Wir setzen uns für eine soziale Marktwirtschaft im Sinne Ludwig Erhards ein. Das ist eine Marktwirtschaft, die für alle Bürger gut ist, nicht nur für Unternehmer. Wer ist denn schon die Wirtschaft?

Ja, wer?

Na die deutschen Familienunternehmer! In den Medien stehen immer nur Mercedes-Benz und Bayer, auch Bundeskanzlerin Angela Merkel oder Finanzminister Peer Steinbrück machen da keine Unterschiede, wenn sie auf die Managergehälter schimpfen. Wir setzen uns doch nicht für die Partikular-Interessen der Unternehmen ein, um die Eigentümer noch reicher zu machen, sondern weil eine funktionierende Wirtschaft die Voraussetzung für ein funktionierendes Gemeinwesen ist. Das neue Gesetz zur Unternehmensbesteuerung und die geplante Reform der Erbschaftsteuer haben viele Mängel und behindern Unternehmertum. Damit behindern sie auch die Weiterentwicklung Deutschlands.

Nennen Sie bitte ein Beispiel.

Die Unternehmenssteuerreform sieht mehr als zweihundert neue Regeln vor und führt zu einer extremen Bürokratisierung. Da sind einzelne Regeln, die für wenige Konzerne ersonnen wurden, damit diesen die angebliche Verschiebung von Gewinnen ins Ausland erschwert wird. Im Ergebnis kommen aber alle Unternehmer unter Generalverdacht. Überhaupt ist das Leitbild des Steuergesetzgebers der chronische, wesensmäßige Steuerhinterzieher und -missbraucher, gegen den man mit immer absonderlicheren Vorschriften glaubt vorgehen zu müssen. Das zeigt, welches Unternehmerzerrbild in der Finanzbürokratie vorherrscht.

Der ganz großen Mehrheit der Familienunternehmer in Deutschland tut man damit bitter Unrecht. Das gilt auch für die Erbschaftsteuerreform. Hier wurde aus einem Reformvorhaben für Familienunternehmer ein Gesetzentwurf gegen sie.

Sie sitzen doch, übrigens als einziger Verbandsvertreter, im Rat für Wachstum und Innovation der Kanzlerin. Warum haben Sie Ihre Ansichten der Kanzlerin nicht klarer machen können?

Weil die Politik auf Meinungsumfragen schielt. Sie hört nur auf den angeblichen Mann auf der Straße und macht Politik gegen besseres Wissen, nur um wiedergewählt zu werden. Die Stimme der Unternehmer wird gehört, vielleicht sogar verstanden, aber ignoriert, weil ein großer Teil der SPD-Fraktion unternehmerfeindlich eingestellt ist.

Die SPD ist also an allem schuld?

Sie ist jedenfalls ein großer Bremsklotz. Natürlich gibt es auch in der SPD vernünftige Leute, aber die meisten sehen kein Heil darin, das Unternehmertum in Deutschland zu stärken, sondern sind der Ansicht, dass der Staat alles regulieren muss und dass nur Geld, das durch die Staatskasse gelaufen ist, gutes Geld ist. Was dabei herauskommt, sieht man ja bei der SachsenLB, IKB und WestLB.

Aber ist die Union wirklich so viel besser?

Die Union bekämpft solche Ansichten nicht, weil sie die Große Koalition nicht gefährden will und Frau Merkel Kanzlerin bleiben will. Das Phänomen ist nicht neu. Für seine Theorie über die kontratheoretischen und konstitutionellen Grundlagen der ökonomischen und politischen Beschlussfassung hat James McGill Buchanan 1986 den Nobelpreis für Wirtschaftswissenschaften bekommen. Die Große Koalition ist ein Paradebeispiel dafür. Die Politik handelt nicht, wie es eigentlich ihre Aufgabe ist, zum Wohle des Bürgers, sondern im Sinne der Partei und der Wiederwahl.

Haben Sie den Eindruck, dass sich dieses Verhalten in den vergangenen Jahrzehnten verstärkt hat?

Dieses Verhalten ist immer dann ausgeprägter, wenn die Konjunktur gut läuft. Sobald die Wirtschaft funktioniert, gibt es einen Selbstzerfleischungsprozess, der sehr schnell eintritt. Jetzt ist auf einmal Geld da und das muss verteilt werden, anstatt mal einen Kurs durchzuhalten, von dem bis Mitte 2006 gar nicht sicher war, ob er wirklich zu einer Entspannung am Arbeitsmarkt führt. Nun weichen wir wieder vom Kurs ab, und es wird ein Bild erzeugt, als ob der Sozialstaat kurz vor dem Untergang stehe und die Manager zu viel verdienen. Das ist eine Unverschämtheit.

Haben Sie jetzt noch Spaß daran, Unternehmer in Deutschland zu sein?

Doch. Aber ich spüre, dass wir auf einem verhängnisvollen Kurs sind. Die Politik erzeugt völlig überflüssigerweise eine Negativ-Stimmung, statt das System weiter zu verbessern.

Marc Beise

»Wem gehört welches Vermögen?«: Angriff von ganz links

Die Frage aus dem Publikum kam Oskar Lafontaine gerade recht. 37 Minuten und 40 Sekunden lang hatte der große Vorsitzende die Vertreter der Wirtschaft bei einem Forum des Anlegermagazins *Capital* bereits mit der Programmatik der Linkspartei provoziert, als ein Zuhörer die Notbremse ziehen wollte. Könne es Lafontaine denn wirklich gleichgültig sein, wenn im Mittelstand und namentlich bei den Familienunternehmen die Angst vor einem Linksruck wachse und mancher sich mit Auswanderungsgedanken trage?

Dies wäre der Moment gewesen, ein wenig Tempo aus der Argumentation und der Frage mit einem Augenzwinkern die Spitze zu nehmen. Lafontaine setzte stattdessen noch eins drauf. Er könne ja verstehen, dass einige Unternehmer besorgt seien, »dass wir die Verteilungsfrage stellen. Das sind sie zu Recht.« Um es konkret zu machen, nahm Lafontaine das jüngste große Geschäft im Mittelstand ins Visier: die umstrittene Übernahme des börsennotierten Konzerns Continental durch den eigentümergeführten Automobilzulieferer Schaeffler. 12 Milliarden Euro mussten die Franken dafür bezahlen – Geld, das Lafontaine bei den Schaefflers offenbar im heimischen Safe statt in der Firmenkasse vermutete.

Das Betriebsvermögen bei Schaeffler hätten über Generationen hinweg vor allem die Arbeitnehmer aufgebaut, zugute käme es aber allein der Eigentümerfamilie, kritisierte Lafontaine. Dies sei ein »grundgesetzwidriges Vorgehen«, da die Verfassung Enteignung – nach Lafontaines Auffassung hier die Enteignung der Arbeitnehmer – verbiete. Diese Enteignung solle rückgängig gemacht werden. Die Arbeitnehmer müssten dazu stärker am Betriebsvermögen beteiligt werden. Ein Modell dafür hat er auch: Die erste Fabrikhalle, die der Unternehmer finanziert, soll ihm gehören, die zweite und alle weiteren zur Hälfte den Arbeitnehmern: Schließlich würden sie diese mit ihrer Arbeit finanzieren. Das ist eine noch vergleichsweise differenzierte Argumentation gegenüber seiner Parteifreundin Sahra Wagenknecht, der Wortführerin der Kommunistischen Plattform bei den Linken. Die fordert beispielsweise die Enteignung der Familie Quandt beim BMW-Konzern. »Die Familie Quandt geht mit ihrem Eigentum nicht sorgfältig um, wenn sie die Produktion ins Ausland verlegt. Für diesen Fall soll sie ihre Reichtümer hier in Deutschland bei den Beschäftigten lassen«, sagte Wagenknecht dem Politikmagazin *Cicero*.

Fachleute halten diese Gedanken juristisch und ökonomisch schlicht für Unsinn. Lafontaine ficht das nicht an. Bei den Schaefflers, Quandts und anderen sei einiges zu holen, suggeriert er, das zur sozialen Abfederung der Globalisierung dringend benötigt werde. Auch die anderen reichen Familien im Land sollten bluten. Wenn man sie über die Vermögens- und Erbschaftsteuer schröpfte, käme einiges zusammen. Dass es in einem solchen System kaum noch Leistungsanreize gäbe, ist Lafontaines Problem nicht.

Natürlich steht der Saarländer in der Spitzenpolitik weitgehend allein. Wie es sich gehört, haben die anderen Parteien sofort widersprochen. Lafontaine befinde sich »in schlechter Enteignungstradition von Sozialisten und Kommunisten«, sagte Unionsfraktionsvize Wolfgang Bosbach (CDU). FDP-Generalsekretär Dirk Niebel wertete die Äußerungen als Beleg dafür, dass die Linke »die kommunistische Fortsetzung der SED« sei. Spitzenpolitikern der SPD fällt schon aus Prinzip nichts mehr zu Lafontaine ein.

Das kann aber nicht darüber hinwegtäuschen, dass der SPD-Abtrünnige das Ohr nahe am Volk hat. Dass in einer freien Wirtschaftsordnung das Eigentum frei sein muss, dass es Leistungsanreize geben muss und Umverteilung zugunsten der Schwachen im deutschen Steuer- und Sozialrecht bereits in großem Umfang stattfindet, ist – Umfragen zeigen das – längst nicht (mehr) allgemein bekannt und anerkannt.

Lafontaine findet Zustimmung, wenn er unverdrossen von wachsender Ungleichheit spricht – obwohl die jüngsten Zahlen gerade zeigen, dass der Aufschwung der vergangenen Jahre gegriffen hat und die Schere sich langsam wieder etwas schließt. Gern behauptet Lafontaine auch, dass die Großverdiener in Deutschland keine Steuern zahlten, obwohl das bestverdienende Viertel annähernd 80 Prozent der Lohn- und Einkommensteuer zahlt. Schon gar nicht kommt ihm in den Sinn, dass gerade der Mittelstand gebraucht wird, weil er Arbeitsplätze und Wohlstand schafft. Und dass es allemal besser ist, 12 Milliarden Betriebsvermögen zu investieren (und sei es in ein so gewagtes Unterfangen wie die Übernahme von Conti), als sie aufs Privatkonto zu transferieren und still und leise auf den Bahamas zu verprassen.

Marc Steinhäuser

Lafontaines Lücken: Experten kritisieren die Wirtschafts- und Rechtsauffassung des Linken

Sehr lange konnte sich Oskar Lafontaine über seinen 65. Geburtstag nicht freuen: Sein Vorschlag zur Rückenteignung von Familienunternehmen ist auf harsche Kritik in Politik und Wirtschaft gestoßen. Lafontaine hatte das Milliardenvermögen von einigen Familienunternehmen für verfassungswidrig erklärt und gefordert, deren Besitz rückzuverteilen.

Deutsche Ökonomen können Lafontaines Vorschlag wenig abgewinnen. Michael Hüther, Direktor des Instituts der deutschen Wirtschaft Köln (IW), bezeichnet die Pläne als »ökonomisch hanebüchenen Unsinn«. Er kritisiert vor allem die Auswahl des Beispiels von Lafontaines jüngster Attacke: Maria-Elisabeth Schaeffler und ihr Sohn Georg, Eigentümer der Schaeffler-Gruppe, die Ende August 2008 die Übernahme des DAX-Konzerns und Reifenherstellers Continental eingeleitet hatte. »Solche Unternehmer sichern deutsche Arbeitsplätze mit ihren Investitionen«, sagt Hüther. »Die Alternative zu der Übernahme von Continental durch Schaeffler wäre, dass weitere Investoren aus dem Ausland bei deutschen Firmen einsteigen«, so Hüther weiter. Gleichzeitig stellt der IW-Chef einen anderen Aspekt der Enteignungsthese infrage: »Da wird unterstellt, dass die

Beschäftigten bei Schaeffler für Hungerlöhne arbeiten.« Dies sei aber nachweislich nicht der Fall.

Mit seiner Meinung steht IW-Chef Hüther nicht allein da: Sogar gewerkschaftsnahe Fachleute kritisieren Lafontaine. »Der Vorschlag ist so nicht akzeptabel«, sagt Rudolf Hickel, Direktor des Instituts Arbeit und Wirtschaft (IAW) der Universität Bremen. »Niemand kann ernsthaft definieren, ab wann eine Firma zu viel Kapital besitzt«, so Hickel. Zudem müsse immer unterschieden werden zwischen aktivem und passivem Kapital. »Oftmals steckt das Vermögen doch im Unternehmen und ist ökonomisch nicht funktional.« Will heißen: Das Geld könnte den Arbeitern gar nicht ausgezahlt werden, weil es im Betrieb investiert ist. Allerdings spricht Lafontaine nach Ansicht von Rudolf Hickel ein wichtiges Problem an – die seiner Meinung nach zunehmende Ungerechtigkeit bei der Lohnverteilung. In manchen Betrieben könne man demnach »wahrhaft von einer Aneignung der Manager« sprechen, sagt Hickel. Er plädiert aber für andere Maßnahmen als Lafontaine mit seinen Rückenteignungs-Plänen: »Es muss für Familienunternehmen eine stärkere Belegschaftsbeteiligung nach dem Vorbild von Belegschaftsaktien geben.« Gleichzeitig fordert er eine andere Steuerpolitik: »Mit einer straffen Erbschaftsteuer und geringeren Steuerbefreiungen bei Unternehmensfortführungen« könne man die Probleme ohne eine Rückenteignung lösen, sagt Hickel.

Neben den wirtschaftlichen Folgen hat Oskar Lafontaine laut Experten einen anderen Aspekt bei seinem Vorschlag völlig vergessen: das Grundgesetz. »Wer den Besitz von

Familienunternehmen enteignen will, muss die Grundmauern unseres Rechtssystems verändern«, sagt Knut Werner Lange, Professor für Wirtschafts- und Unternehmensrecht an der Universität Bayreuth. »Eine Enteignung aufgrund einer Anhäufung von Geld ist rechtlich völlig unmöglich«, führt er aus und verweist auf Artikel 14 Grundgesetz, der – entgegen Lafontaines Behauptungen – Eigentum und Erbe schützt.

Wirtschaftsrechtler Lange kann deshalb den Vorstoß des Linkspartei-Chefs nicht nachvollziehen. »Das zeugt von einer erschreckenden Unkenntnis unseres Rechtssystems.« In Deutschland dürfe der Staat nicht einmal Monopolstellungen zerschlagen. »Nur weil jemand unternehmerisch erfolgreich ist, kann er nicht außerhalb der Rechtsordnung oder als Krimineller behandelt werden.«

Thomas Fromm und Alexander Hagelüken

Der Zusammenbruch als Chance

Mittlerweile ist es wohl Monate her, dass Google-Mitgründer Sergey Brin seine Anleger und den Rest der Welt verstörte. Nicht mit miserablen Nachrichten zur Unternehmensbilanz, sondern mit einer außergewöhnlichen Botschaft: »Meine Lieblingszeit als Manager sind Pleitezeiten«, sagte der Suchmaschinen-Manager. Diese brächten »mehr Klarheit, was die Kunden wirklich wollen und wo die Prioritäten liegen sollten.«

Die Zahlen gaben ihm Recht: Steigende Werbeerlöse ließen den Gewinn des Suchgiganten Google im dritten Quartal um ein gutes Viertel in die Höhe schießen – auf 1,35 Milliarden Dollar. Am Tag von Brins Statement legte die Google-Aktie um 10 Prozent zu.

Die Krise ist eine Zeit, in der sich die Spreu vom Weizen trennt, die nicht nur Abbruch bringt, sondern auch Neuanfang und Wachstum. Diese Einsicht könnte eine Ermutigung für alle Unternehmer und Arbeitnehmer sein, welche die Last der Krise arg beschwert. Was hilft, ist beispielsweise der Blick auf die Finanzkrise zu Beginn des Jahrtausends. Damals waren Internet-Geschäftsideen ohne Gewinnnachweis an der Börse plötzlich Hunderte Millionen Euro wert. Als die Dotcom-Blase platzte, erzeugte dies nicht nur Schrecken, sondern gab auch den Blick frei auf wirklich zukunftsträchtige Firmen. Sergey Brins Google hängte die bisher dominante Suchmaschine Altavista ab. Aus den Trümmern des Dotcom-Kollapses wuchs ein Weltkonzern. Jede Krise hinterlässt neben Verlierern eben auch Gewinner.

Im Internet tummeln sich wie schon beim letzten Mal zahlreiche Krisengewinner. Viele gehören zu den sogenannten »Social Networks«, sozialen Netzgemeinschaften, die sich über Anzeigen und Mitgliedsbeiträge finanzieren. Da sind nicht nur die bekannteren unter ihnen wie etwa Facebook oder MySpace. Die englische Zeitung *Guardian* berichtete jüngst von unerwartet hohen Zuwachsraten bei LinkedIn, einer kalifornischen Online-Plattform zur Pflege von geschäftlichen Kontakten. 25 Prozent Zuwachs verzeichnete der Anbieter seit September dieses Jahres, also seit jenen Tagen, in denen die schwelende Finanzkrise eskalierte und sich zu einer Weltwirtschaftskrise auswuchs. In unsicheren Zeiten helfen Netzwerke offenbar nicht nur über Jobverluste hinwegzukommen, für viele Nutzer sind sie ein Weg, neue Kontakte anzubahnen.

Jede Krise hinterlässt etwas Positives. In den Vereinigten Staaten des 19. Jahrhunderts war nach den wilden Spekulationen mit Eisenbahnaktien und herben Pleiten der Kater groß. Aber sie brachten gleichzeitig ein weitverzweigtes Schienennetz hervor, auf dem das Land seine Zukunft aufbauen konnte. Genauso sorgte der Geldstrom in Internet-Werte während der Dotcom-Blase dafür, dass Glasfasernetze auf- und ausgebaut wurden, von denen wir immer noch profitieren.

Das wertvollste Ergebnis einer Krise sind aber nicht materielle Dinge, sondern die Lehren daraus. Was kann getan werden, um Finanzkrisen künftig zu vermeiden? Und welche Geschäftsmodelle haben sich überholt, sodass sie durch andere abgelöst werden sollten? In der Finanzkrise schlägt die Stunde jener Geldhäuser, die weder auf Renditemaximierung noch auf riskante Finanzinnovationen gesetzt haben, sondern auf traditionelle Kredite für Verbraucher und Unternehmen. Das trifft zum Beispiel auf viele, wenn auch längst nicht alle Sparkassen oder Genossenschaftsbanken zu. Sie gelten jetzt als sicherer und solider und kommen daher leichter an Kundeneinlagen. Wenn sich wieder mehr Banken diesem bodenständigen Geschäftsmodell zuwenden würden, wäre es für Mittelständler leichter, an Kredite zu kommen – was in den vergangenen Jahren aufgrund der Fokussierung der privaten Banken auf Mega-Renditen manchmal schwer war. Von einer Neubesinnung würden also nicht nur bestimmte Geschäftsmodelle der Finanzbranche profitieren, sondern auch wichtige Teile der Realwirtschaft.

Denkbar sind darüber hinaus auch andere Verschiebungen in der Finanzbranche. Versicherer etwa hoffen, mit ihren Produkten den Nerv der Krisenzeit zu treffen. »Die Finanzmarktkrise ist keine Krise der Versicherer«, erklärte jüngst der scheidende Präsident des Gesamtverbands der Deutschen Versicherungswirtschaft (GDV), Bernhard Schareck. Es gebe sogar »erste Anzeichen dafür, dass die Lebensversicherer die Gewinner der Krise sind«, heißt es aus der Branche. Ihr Kalkül: In Zeiten fallender Aktienkurse, in denen sich viele Mode-Finanzprodukte der vergangenen Jahre selbst diskreditiert haben, gilt die gute alte Versicherung als krisensicher. Allerdings muss man hier Wunschdenken und Wirklichkeit trennen: Schon melden erste Lebensversicherer sinkende Renditen, weil auch sie in Aktien investiert haben.

Wie auch immer: In der Geldbranche ist in der Krise nicht alles grau. Und wer darüber hinaus in die Realwirtschaft blickt, kann mit einigem Abstand vielleicht das eine oder andere Zeichen des Neubeginns entdecken. Jedenfalls wenn er nicht dazu neigt, halbvolle Gläser immer als halbleer zu sehen, wie es den Deutschen häufig vorgeworfen wird.

Björn Finke

Die großen Krisen: Ein Überblick

Die Muster der Spekulationsblasen ähneln sich: Investoren glauben, es gehe immer weiter aufwärts. Kapital ist genug vorhanden und sucht lukrative Anlagemöglichkeiten. Also wird investiert – in Aktien, in Immobilien, in neumodische Kreditpapiere oder auch in Tulpen. Die Nachfrage treibt den Preis hoch, die steigenden Kurse locken neue Investoren an. Irgendwann wird den Händlern mulmig. Sie fragen sich, ob der Preis der Aktie nicht bald fallen könnte – manchmal sät ein Ereignis diese Zweifel, manchmal gibt es keinen konkreten Anlass. Die Investoren verkaufen hektisch, der Preis stürzt ab, die Blase platzt. Bei der Tulpenspekulation 1637 beschränkten sich die Folgen größtenteils auf die Niederlande. Doch inzwischen sind die Volkswirtschaften der Welt viel enger miteinander verwoben, sodass Probleme schnell auf viele Länder übergreifen. Allerdings beruhen nicht alle harten Abschwünge auf geplatzten Blasen. 1973 zum Beispiel ließ ein Öl-Embargo die Wirtschaft abstürzen. Ein Überblick über die größten Krisen der letzten Jahrhunderte:

1637

Für eine Tulpenzwiebel der Sorte »Semper Augustus« wird während der Tulpenspekulation in den Niederlanden der Gegenwert eines Hauses gezahlt. Das Tulpenfieber startet

1633 und erreicht im Januar 1637 seinen Höhepunkt. Doch am 3. Februar finden sich bei einer Auktion in Haarlem auf einmal keine Käufer mehr für die Zwiebeln. Den Spekulanten wird klar: Die Zeit ständig steigender Preise ist vorbei – und sie verkaufen panisch. Der Markt bricht zusammen.

1857

Die Pleite der US-Bank Ohio Life Insurance and Trust Company reißt andere Banken des Landes mit in den Abgrund. Die Institute haben weltweit Gläubiger – die erste Weltwirtschaftskrise beginnt.

1873

Nach Gründung des Deutschen Reiches durch Otto von Bismarck boomt die Wirtschaft, viele Firmen gehen an die Börse. Die Pleite eines Wiener Handelshauses im Mai verunsichert die Anleger. Die Aktienkurse fallen rasant, Bankkonten werden leergeräumt. Diese Krise überwindet Deutschland erst 1879.

1929

Am Schwarzen Donnerstag, dem 24. Oktober 1929, stürzen die Aktienkurse in der Wall Street ins Bodenlose. Amerika zieht Kapital aus dem Ausland ab, es entwickelt sich eine Weltwirtschaftskrise.

1973

Die Bundesregierung reagiert mit einem Sonntagsfahrverbot auf die Verknappung des Öls durch die Organisation Erdöl exportierender Länder (OPEC). Die Wirtschaft leidet unter dem Embargo, Arbeitslosigkeit und Inflation nehmen zu.

1990

Da die Zinsen niedrig sind, kaufen die Japaner in den 1980er-Jahren massiv Aktien und Immobilien auf Pump. Die Preise steigen ins Absurde – das Grundstück des Kaiserpalastes in Tokio ist so viel wert wie Kalifornien. Als die Notenbank 1990 die Zinsen anhebt, platzt die Blase.

Marc Beise

Die Lehren aus der Krise

Es war ein Wochenende, an dem die Panik freihatte. Zwei Tage, an denen es keine Horrornachrichten von der Börse geben konnte – weil die Börse geschlossen hatte. An denen der amerikanische Notenbankchef und der Finanzminister Zeit gewannen, ihre weiteren Maßnahmen gegen die Finanzkrise mit etwas mehr Umsicht zu planen. Der ruhigere Blick ist auch hilfreich, die aktuellen Ereignisse einzuordnen. Am besten lässt es sich diskutieren, wenn man alle Fakten kennt. Leider ist das bei der Finanzkrise nicht der Fall. Nicht einmal die Akteure in den Finanzzentren und Regierungszentralen wissen wirklich, was vorgeht. Sie alle reden viel und verstehen wenig.

Das ist die erste Lehre aus der großen Krise: dass Menschen Dinge zugelassen und veranstaltet haben, die sie nicht begriffen und schon gar nicht in ihren Konsequenzen überblickt haben. Das war ein unverzeihlicher Fehler. Wie im richtigen Leben muss auch in Politik und Wirtschaft, beim Führen eines Unternehmens und erst recht einer Bank oder Versicherung gelten: Tue nur, genehmige nur, bewerte nur, was du auch selbst verstehst. Es herrscht zweitens eine große Unsicherheit über die Frage, wie groß die Freiheit an den Märkten sein darf. Viel ist jetzt die Rede davon, dass sich das Prinzip der freien Marktwirtschaft nicht bewährt habe. Jene, die sich noch an die Zeiten der Planwirtschaft erinnern (zum Beispiel in der DDR) und diese nicht verklären, sondern ihre ganze Unfähigkeit, Wohlstand zu schaffen, erkennen, sind möglicherweise verzweifelt: Wenn das eine System nicht funktioniert und das andere auch nicht, welches dann?

Rasch wird dann der Ruf laut nach einem ominösen dritten Weg zwischen Kapitalismus und Sozialismus oder auch nur der Renaissance der sozialen Marktwirtschaft, die es jedenfalls in Deutschland doch einmal gegeben habe – wahlweise unter Ludwig Erhard (1950er-Jahre) oder Willy Brandt (1970er-Jahre) –, die aber in der Gier des Neoliberalismus oder des Turbokapitalismus verloren gegangen sei. Ein unsinniges Argument.

Vom Bröckeln oder gar vom Verlust der sozialen Marktwirtschaft kann angesichts des gewaltigen Umfangs der Sozialleistungen in Deutschland, dem beherrschenden Umfang des Sozialetats und der zahlreichen Eingriffe des Staates ins Wirtschaftsleben nicht ernsthaft die Rede sein. Umgekehrt hat es einen wirklich ungezügelten Kapitalismus in Deutschland nie gegeben. In den USA übrigens auch nicht, selbst an der Wall Street gab es kein pures Laissez-faire.

In Wirklichkeit besteht ein sehr reglementiertes marktwirtschaftliches System, in dem es Gesetze für alles und jeden gibt. Selbst große Konzerne sind am Ende viel weniger beweglich, als viele Menschen glauben. Der Einfluss der amerikanischen Börsenaufsicht SEC, welche die Säuberung des korruptionsverseuchten Siemens-Konzerns erzwang, und die Wettbewerbshüter der USA und der Europäischen Union, die selbst Giganten wie Microsoft in die Knie zwingen, beweisen, dass es an Kontrolle nicht mangelt. Nur in einem einzigen Bereich ist der Gesetzgeber der Realität nicht nachgekommen: in der Finanzwelt. Deshalb ist es falsch, von einer Krise des Kapitalismus zu sprechen oder gar der Marktwirtschaft – es ist eine Krise des Finanzsystems. Die Architektur der Geldströme ist wichtig wie nie, aber sie ist weiterhin nur ein Teil der Ökonomie.

Kern der Wirtschaft ist immer noch das Herstellen, Verkaufen und Kaufen von Gütern, die reale Wertschöpfung. Entscheidend für den dauerhaften Wohlstand ist nicht die Frage, ob eine weitere US-Investmentbank pleitegeht oder ob der DAX noch einmal um 1.000 Punkte absackt. Wichtiger ist, ob die deutschen Firmen weiter auf den Exportmärkten reüssieren, ob die Ingenieure die weltbesten Techniken erfinden, ob die Automobilfirmen sich der Konkurrenz aus Asien erwehren können und ob der Mittelstand so innovativ und erfolgreich bleibt wie bisher.

Eine Politik, die das erreichen will, muss die Kapitalmärkte stärker regulieren, damit diese nicht weiter Unheil anrichten können: Sie muss die Geschäfte der Finanzindustrie genauer überwachen und dafür sorgen, dass Banken, Hedge-Fonds und Versicherungen – anders als heute – jederzeit und für jedermann offenlegen, welche Risiken sie eingehen.

Eine solche Politik muss vor allem aber über den Tag hinaus den Millionen kleinen und größeren Firmen in Deutschland und allen Selbstständigen wieder mehr Freiraum geben, innovativ und erfolgreich zu sein. Dazu brauchen die Firmen ein besseres Steuersystem, weniger Bürokratie, mehr Flexibilität am Arbeitsmarkt, bessere Bedingungen für die Forschung und manch anderes mehr. Leider ist es jedoch nicht mehr chic, darüber zu reden. Dafür haben nun die ideologischen Brandstifter Konjunktur, die höhere Steuern für Reiche und Unternehmen fordern, Familienunternehmer enteignen wollen und Kontrolle pur predigen.

Dies ist nun die doppelte Herausforderung: die entfesselten Finanzmärkte bändigen und zugleich der Wirtschaft mehr Freiraum geben. In einer förderalen Demokratie, in der es beinahe jedes Jahr Wahlen gibt, ist eine solch differenzierte Politik fast unmöglich. Trotzdem müssen verantwortliche Politiker den Versuch starten.

Jahre der Krise – Jahre der Chancen

Interview mit Thorsten Weinelt, Bereichsleiter Research und Chefstratege der Markets & Investment Banking Division der UniCredit Group.

Herr Weinelt, die Kreditkrise hat das Jahr 2008 und auch die ersten Wochen des Jahres 2009 stark geprägt. Liegt das Schlimmste nun hinter uns?

Die Krise verläuft in verschiedenen Phasen und wir befinden uns in dem Stadium, in dem die Finanzkrise voll und ganz auf die Realwirtschaft übergegriffen hat. Es spricht viel dafür, dass wir gerade den Abschnitt des stärksten Wachstumseinbruchs durchleben. Es gibt jedoch auch eine gute Nachricht: Die Regierungen und Notenbanken wirken mit den seit Herbst 2008 ergriffenen Maßnahmen einer weiteren Verschlechterung massiv entgegen.

Wird sich die Rezession bis 2010 fortsetzen?

Wir erwarten ein Schrumpfen des Bruttoinlandsprodukts in den G7-Ländern bis einschließlich des ersten Halbjahres 2009. Im zweiten Halbjahr sollte dann das Wachstum wieder leicht im positiven Bereich liegen und sich auch 2010 fortsetzen. Eine Umkehrung des Lagerhaltungszyklus, eine Stabilisierung beim privaten Verbrauch und die positive Wirkung der Konjunkturpakete sollten im Verlauf des Jahres 2009 die Wende bringen. Eine Fortsetzung der

Rezession in 2010 erwarten wir somit nicht, wenngleich eine solche Entwicklung zu den möglichen längerfristigen Risiken zählt.

Manche Kommentatoren vergleichen die Krise mit der von 1929. Ist das gerechtfertigt?

Angesichts der vielen Sonderfaktoren, welche die derzeitige Krise auszeichnen, sollte man sicherlich grundsätzlich wachsam bleiben. Allerdings gibt es in unseren Augen gute Argumente, die gegen eine Depression sprechen. Die Notenbanken beispielsweise reagieren mit einer sehr expansiven Geldpolitik. In der Krise von 1929 unterlagen sie den Spielregeln des Goldstandards und konnten nicht so agieren, wie die US-Notenbank es derzeit tut. Auch gab es damals in den USA viel mehr Bankenpleiten als heute – ein Faktor, der die Krise massiv verstärkt hat. Darüber hinaus haben wir heute die Einlagensicherung und die Regierung hat noch zusätzliche Garantien ausgesprochen.

Und im Vergleich zu Japan in den 1990er-Jahren?

Die Fülle und der Umfang der vonseiten der Regierungen und Notenbanken getroffenen Maßnahmen spricht gegen eine Wiederholung der in Japan gemachten Erfahrungen, da die japanischen Institutionen vergleichsweise zögerlich reagiert haben. Allerdings sollte man zumindest für die Vereinigten Staaten aufgrund der großen erforderlichen Anpassungen das Risiko einer solchen Entwicklung nicht gänzlich ausschließen.

Heißen Sie die Maßnahmen der Regierungen und Notenbanken gut?

Unsere Einschätzung war und ist, dass die Regierungen und Notenbanken eine imaginäre »rote Linie« überschritten haben und zu »unbegrenzten« Stützungsmaßnahmen übergegangen sind. Das hat sich bis heute zum Zeitpunkt dieses Interviews insoweit bestätigt, als die Maßnahmen seitdem zusätzlich ausgeweitet wurden – zum Beispiel die Notkredite für die US-Automobilindustrie, das angekündigte Fiskalpaket der Obama-Regierung und das jüngste deutsche Konjunkturpaket. Auch die Europäische Zentralbank (EZB) hat vor Kurzem angekündigt, die Versorgung des Bankensystems mit unbegrenzter Euro- und US-Dollar-Liquidität zeitlich weiter auszudehnen. In der Summe sollten diese Maßnahmen dazu beitragen, dass die Bereitschaft der Investoren allmählich zunimmt, über die gegenwärtige Krise hinauszuschauen und auf die Chancen einer mittelfristigen Konjunkturstabilisierung zu setzen.

Reichen diese Maßnahmen aus, um das Vertrauen wieder herzustellen?

Ja, davon gehen wir aus. Die Maßnahmen können zwar negative Nachrichten aus dem Finanzsektor nicht verhindern – Banken werden weiterhin mit hohen Abschreibungen und Verlusten zu kämpfen haben –, aber sie helfen, diese sozusagen zu »verdauen«. Generell ist die Rückgewinnung des Vertrauens ein langsamer und schrittweiser Prozess. Die eingetretene Verschlechterung der Konjunkturerwartungen ist zu einem nicht unerheblichen Teil mit der Zuspitzung der Bankenkrise im Herbst 2007 verknüpft.

Eine allmählich erkennbare Stabilisierung des Bankensektors sollte das Ausmaß einer Kreditklemme begrenzen.

Welche Auswirkungen hat die Krise auf die Unternehmen aus dem Nicht-Finanzbereich?

Die Unternehmen stehen vor der großen Herausforderung, sich dem schnell verändernden Umfeld anzupassen. Anfang 2009 dominiert die Anpassung der Lagerhaltung und der Produktion an die niedrigere Nachfrage. Glücklicherweise trifft die Krise Deutschland in einer Position der Stärke. Die Zahl der sozialversicherungspflichtigen Beschäftigten beispielsweise hat gegen Ende 2008 einen mehrjährigen Höchststand erreicht. Zudem federn flexiblere Arbeitszeitmodelle und das Instrument der Kurzarbeit den Druck zum Stellenabbau ab. Letztlich stehen auch diesmal die Chancen gut, dass die Unternehmen am Ende schlanker und gestärkt aus der Krise hervorgehen werden. So wie auch aus vergangenen Krisen.

Wie beurteilen Sie die Aussichten für die Aktienmärkte in diesem Jahr?

In den derzeitigen Aktienkursen des Euro STOXX 50 und des DAX ist eine Rezession schon enthalten, in den Gewinnschätzungen hingegen noch nicht. Der Aktienmarkt ist nach unserer Einschätzung im Oktober/November 2007 in die Phase einer volatilen Seitwärtsbewegung beziehungsweise Stabilisierung eingetreten, die sich auch in den kommenden Monaten fortsetzen wird. Die ifo-Konjunkturerwartungen sind gleichzeitig auf den tiefsten jemals gemessenen Wert gefallen, was die derzeitige negative

Nachrichtenlage und die Aussichten auf deutlich niedrigere Unternehmensgewinne widerspiegelt. Aber Aktienkäufe an unteren Wendepunkten der ifo-Konjunkturerwartungen haben in vergangenen Zyklen dem Investor attraktive Renditen beschert. Auch hier liegen also Risiken und Chancen eng beieinander. Unser Indexziel für den DAX zum Jahresende 2009 lautet 5.500 Punkte. Sollte sich unsere Einschätzung einer Konjunkturerholung im zweiten Halbjahr nicht bewahrheiten, dann wäre 2009 allerdings mit neuen Rückschlägen zu rechnen. Risiken gehen gegenwärtig auch noch von dem Prozess des »Deleveraging« aus.

Welche Sektoren leiden am stärksten?

Wir raten, die Aufmerksamkeit mehr auf den Zeitpunkt einer schrittweisen Höhergewichtung der zyklischen Sektoren zu richten, statt sich überwiegend auf defensive Sektoren zu fokussieren, die derzeit alle hoch bewertet sind. Large Caps dürften sich dabei besser entwickeln als Mid Caps, da die potenziellen Risiken im Hinblick auf Finanzstärke und Finanzierungsmöglichkeiten für Letztere größer sind.

Wie groß ist die Gefahr einer Kreditklemme?

Man muss zwischen dem Kreditvolumen und dem Preis für Kredite unterscheiden. Die Statistik der EZB zeigt bislang nur eine Abschwächung der Kreditvergabe an den Unternehmenssektor, aber beileibe keinen Einbruch. Die Finanzierungskosten sind selbstverständlich gestiegen, was jedoch auch berechtigt ist. Der im Rahmen des zweiten Konjunkturpakets beschlossene Deutschland-Fonds hat vor diesem Hintergrund die Chance, sich als ein zusätzliches Instrument zur Stabilisierung der Kreditverfügbarkeit speziell für den Mittelstand zu erweisen. Wenn die Details dazu ausgearbeitet sind, wird man dies besser beurteilen können.

Welche Entwicklung erwarten Sie bei den Leitzinsen und den Renditen für deutsche Staatsanleihen?

Die schwache Konjunkturentwicklung und der Rückgang der Inflationsraten werden die EZB nach unserer Einschätzung zu einer Rücknahme der Leitzinsen auf 1 Prozent im ersten Halbjahr veranlassen. Der aktuelle Wunsch vieler Investoren nach Sicherheit hat die Rendite für Staatsanleihen deutlich nach unten gedrückt und wird sie für die kommenden Monate auch sehr niedrig halten. Im zweiten Halbjahr dürfte dann die Erwartung einer sich mittelfristig aufhellenden Konjunktur wieder zu steigenden Zinsen führen. Im europäischen Vergleich profitiert Deutschland mit besonders niedrigen Renditen von seinen soliden Staatsfinanzen, was nach unserer Einschätzung auch so bleiben wird.

Was erwarten Sie für den Dollar-Wechselkurs?

Der amerikanische Dollar hat in den vergangenen Wochen von umfangreichen Mittelrückflüssen in die USA profitiert. Der Euro wurde dabei auch von der Tatsache belastet, dass Europa stärker von der Krise betroffen ist, als zunächst angenommen. In den kommenden Monaten werden sich die kurzfristigen Zinssätze durch die erwarteten Zinssenkungen der EZB noch weiter annähern. Eine starke Erholung des Dollars erwarten wir vor diesem Hintergrund allerdings nicht. Wir halten eine Seitwärtsbewegung um das aktuelle Niveau herum für wahrscheinlich.

Wie sehen Sie die Chancen und Risiken am Corporate-Bond-Markt?

Am Cash-Markt können Unternehmen im Investment-Grade-Bereich wieder Anleihen platzieren. Das ist eine gute Nachricht. Allerdings dürfte der im Vergleich zu 2007 deutliche Aufschlag bei den Risikoprämien noch für längere Zeit erhalten bleiben. In diesem Segment sind Unternehmensanleihen in den kommenden Monaten aus Ertrag-Risiko-Gesichtspunkten eine attraktive Anlagealternative.

Dagmar Deckstein

Rückgrat und Motor: Familienunternehmen schaffen mehr Arbeitsplätze als andere

Dass die Familienunternehmen, zumeist Mittelständler, das Rückgrat der deutschen Wirtschaft sind, ist längst eine Binsenweisheit. Und dass ihre Bedeutung als Leistungsträger der Volkswirtschaft nicht nur groß ist, sondern noch zugenommen hat, offenbart eine großangelegte Studie der Stuttgarter Stiftung Familienunternehmen. Diese hat zusammen mit dem Bonner Institut für Mittelstandsforschung zutage gefördert, dass bei rund 95 Prozent der 3,2 Millionen deutschen Unternehmen die Leitung in der Hand der Eigentümer liegt – was ja für Familienunternehmen charakteristisch ist. Etwa 3 Millionen Firmen fallen somit also in diese Kategorie. Sie stehen für 41 Prozent der gesamten deutschen Unternehmensumsätze und für 57 Prozent aller sozialversicherungspflichtig Beschäftigten.

In einem weiteren Schritt stellt die Studie die Entwicklung der 500 größten Familienunternehmen der Performance einer anderen Spitzenliga gegenüber: den DAX-Unternehmen. Demnach haben die 500 größten Familienunternehmen ihre inländischen Belegschaften zwischen 2003 und 2005 auf 2,2 Millionen Mitarbeiter ausgebaut, also um 10 Prozent, während die gesamte Wirtschaft ihre Inlandsbeschäftigten um 3 Prozent reduziert hat. Die 30 DAX-

Unternehmen bauten in der gleichen Zeit ihr Inlandspersonal sogar um 3,5 Prozent ab, auf knapp 1,6 Millionen Beschäftigte. Die Top 500 der Familienfirmen stehen somit für fast 10 Prozent aller sozialversicherungspflichtigen Arbeitsverhältnisse in Deutschland und für 11 Prozent des Umsatzes aller Unternehmen.

Auch im Vergleich zur weltweiten Beschäftigungsentwicklung schneiden die Familienunternehmen besser ab als die DAX-Konzerne. Die 500 größten von ihnen erweiterten ihre Belegschaften um über 13 Prozent auf 3,3 Millionen Beschäftigte im Jahr 2005. Die DAX-Unternehmen hingegen stagnierten bei weltweit 3,2 Millionen Beschäftigten. Insgesamt stellt die Studie den inhabergeführten Firmen ein hervorragendes Zeugnis aus: »Die 500 größten Familienunternehmen trugen damit ganz wesentlich zu einer Abmilderung der schwierigen Beschäftigtenlage Deutschlands bei.« Betrachtet wurden die Jahre 2003 bis 2005, in denen der kurz darauf einsetzende Konjunkturaufschwung noch nicht in Sicht war.

Reguliert wie kaum sonst wo

Trotz ihrer Bedeutung für den Wirtschaftsstandort Deutschland haben die Familienunternehmen auch ohne Lafontaine'sche Übergriffsversuche einen schweren Stand – das bescheinigt ihnen das Mannheimer Zentrum für Europäische Wirtschaftsforschung (ZEW). Es legte Anfang 2008 eine Vergleichsstudie von Standortfaktoren in 18 Industrieländern vor, in der Deutschland gerade mal Platz zwölf einnimmt. Hätten die Forscher nicht die Infrastruktur wie Straßen, Bahn- und Flugverkehr einbezogen, wäre das Land auf Platz 16 gerutscht. Damit liegt die Bundesrepublik abgeschlagen hinter Ländern wie Großbritannien, Dänemark, Schweiz, Finnland, Luxemburg und den USA.

Vor allem die hohe Regulierungsdichte und die Steuergesetzgebung machen Familienunternehmen das Leben schwer. »Nirgendwo sonst werden Einstellungen und Kündigungen von Arbeitnehmern durch Bestimmungen und Vorschriften so stark beeinflusst wie in Deutschland«, befindet ZEW-Studienleiter Friedrich Heinemann. Durch hohe Personalzusatzkosten müssten Unternehmer in Deutschland durchschnittlich 41,50 Euro pro Arbeitsstunde bezahlen, während in den anderen untersuchten Ländern 38 Euro zu veranschlagen seien.

Elisabeth Dostert

Jetzt schlägt die Stunde der Familienunternehmen

»Das war erst der Anfang.« Arnold Weissman, Berater und Professor für Betriebswirtschaft an der Hochschule Regensburg, ist die Vorfreude deutlich anzumerken. »In der Finanzkrise schlägt die Stunde der Familienunternehmen«, sagt er, und für die hegt er nun einmal ein besonderes Faible. Ob börsennotiert oder nicht, lange Zeit galten Firmen, in denen eine oder mehrere Familien einen dominierenden Einfluss ausüben, als langweilig, weil sie nicht ausschließlich auf schnelle und möglichst hohe Renditen schielen, sondern ihr Geschäft langfristig und nachhaltig ausrichten. Schon nach dem Platzen der Internetblase Anfang dieses Jahrtausends seien sie die Triebkräfte der Volkswirtschaft gewesen, konstatiert Weissman in einer Studie, in der er die größten Publikumskonzerne und Familienkonzerne miteinander vergleicht (siehe folgende Tabellen).

Nun, da den Hedge-Fonds und Private-Equity-Gesellschaften das Geld ausgehe, schlüpften die Familien endgültig in die Rolle der Unternehmenskäufer. »Ich kenne eine Vielzahl von Familien, die kaufen wollen«, sagt Weissman. Namen will er nicht nennen. Einige haben sich schon selbst geoutet. Die Aufholjagd der vermögenden Familien hat längst begonnen.

Die größten Publikumsgesellschaften									
Rang			Unternehmen	Umsatz (Milliarden Euro)		Mitarbeiter (Tausend)		Jahresüberschuss (Millionen Euro)	
2007		2002		2007	2002	2007	2002	2007	2002
1	⇧	2	Volkwagen	108	87	329	325	4.122	2.597
2	⇩	1	Daimler	99	149	272	365	3.985	4.718
3	⇨	3	Siemens	72	84	398	426	4.038	2.597
4	⇧	7	Eon	69	36	88	108	12.450	2.777
5	⇧	–	Deutsche Post	64	–	470	–	1.389	–
6	⇩	4	Deutsche Telekom	63	54	241	256	569	24.600
7	⇧	8	BASF	58	32	95	89	4.066	1.504
8	⇩	6	Thyssen-Krupp	51	37	191	191	2.190	216
9	⇩	5	RWE	43	43	63	132	2.977	1.050
10	⇩	9	Bayer	32	30	106	123	4.711	1.060
11	⇨	11	Deutsche Lufthansa	22	17	105	94	1.655	717
12	⇩	10	TUI	22	20	69	70	236	41
13	⇧	14	Continental	17	11	152	64	1.020	226
14	⇧	–	Hochtief	16	–	52	–	141	–

15	⇩	12	MAN	16	16	55	75	1.225	147
16	⇩	13	Evonik	14	13	43	82	971	16
17	⇩	15	Linde	12	9	50	46	1.013	240
18	⇧	19	Adidas	10	7	31	15	551	228
19	⇩	17	SAP	10	7	51	29	1.919	509
20	⇧	24	Salzgitter	10	5	23	19	905	66
21	⇧	22	Bilfinger Berger	9	5	53	50	134	114
22	⇩	20	Infineon	8	5	k. A.	30	k. A.	1.020
23	⇧	–	Lanxess	7	–	15	–	112	–
24	⇧	–	FMC	7	–	65	–	717	–
25	⇧	28	Norddeutsche Affinerie	6	2	3	4	159	20
26	⇧	–	Klöckner	6	–	11	–	371	–
27	⇩	16	Gea[1]	5	9	20	32	283	189
28	⇧	–	Heidelberger Druck	4	–	20	–	142	–
29	⇩	27	K+S	3	2	12	11	175	103
30	⇧	–	Tognum[2]	3	–	8	–	199	–
31	⇧	–	MTU Aero Engines	3	–	7	–	154	–
32	⇧	–	Air Berlin	3	–	8	–	21	–

33	⇧	–	Puma	2	–	k. A.	–	k. A.	–
34	⇧	39	Leoni	2	1	37	18	86	18
35	⇧	–	Fraport	2	–	30	–	213	–
36	⇧	40	Deutsche Börse	2	1	3	2	911	235
37	⇧	–	Wincor Nixdorf	2	–	8	–	k. A.	–
38	⇧	–	Röhn-Klinikum	2	–	32	–	111	–
39	⇧	–	Freenet	2	–	4	–	k. A.	–
40	⇧	–	Pfleiderer	2	–	6	–	57	

In der Rangliste nicht enthalten: Banken und Versicherungen, Unternehmen unter Kontrolle des Staates wie die Deutsche Bahn, Unternehmen, die mehrheitlich in Besitz von internationalen Finanzinvestoren sind, Tochtergesellschaften von Konzernen.

[1] vormals mgTechnologie

[2] vormals MTU Friedrichshafen

– = 2002 im Ranking nicht enthalten

k. A. = keine Angabe

Quelle: Weissman

Die größten Familienunternehmen

Rang			Unternehmen	Umsatz (Milliarden Euro)		Mitarbeiter (Tausend)		Jahresüberschuss (Millionen Euro)	
2007		2002		2007	2002	2007	2002	2007	2002
1	⇨	1	Metro	64	52	281	235	983	502
2	⇨	2	BMW	56	42	108	101	3.134	2.020
3	⇧	11	Schwarz	50	15	260	39	k. A.	k. A.
4	⇩	3	Robert Bosch	46	35	268	226	2.850	650
5	⇨	5	Franz Haniel	29	22	56	54	922	351
6	⇩	4	Tengelmann	25	25	151	183	k. A.	k. A.
7	⇩	6	Aldi	22	22	k. A.	k. A.	k. A.	k. A.
8	⇧	10	Phoenix	22	15	22	18	k. A.	k. A.
9	⇩	8	Bertelsmann	19	18	102	81	405	968
10	⇩	9	Arcandor[1]	15	16	71	105	16	162
11	⇧	12	Henkel	13	10	52	47	941	431
12	⇧	16	Heraeus	12	6	12	9	210	53
13	⇩	7	Otto	12	19	51	79	k. A.	k. A.
14	⇧	22	Marquard & Bahls	11	4	4	2	307	30

15	⇩	13	Boehringer Ingelheim	11	8	40	32	1.812	537
16	⇧	30	maxinvest.de[2]	9	3	31	10	790	3.505
17	⇩	15	Schaeffler-Gruppe	9	7	66	54	k. A.	k. A.
18	⇧	19	Würth	8	5	64	40	419	167
19	⇧	34	Helm	8	3	1	1	66	20
20	⇨	20	Oetker	8	5	23	18	k. A.	k. A.
21	⇨	21	Porsche	7	5	12	10	4.242	462
22	⇩	14	Merck	7	7	31	35	3.520	215
23	⇩	17	Schlecker	7	6	52	48	k. A.	k. A.
24	⇧	28	Benteler	6	3	23	17	150	46
25	⇧	33	C&A	6	3	36	17	k. A.	107
26	⇧	–	Beiersdorf	6	–	21	–	468	–
27	⇧	–	Knauf	5	–	22	–	k. A.	–
28	⇩	23	Freudenberg	5	4	34	28	275	137
29	⇨	29	Mahle	5	3	49	29	223	81
30	⇧	–	Remondis	4	–	18	–	k. A.	–
31	⇩	27	Voith	4	3	37	24	179	88
32	⇧	37	Wacker Chemie	4	3	15	17	422	21

33	⇧	–	Kühne + Nagel	4	–	11	–	k. A.	–
34	⇩	31	Hella	4	3	25	22	23	k. A.
35	⇩	24	Globus	4	3	21	22	k. A.	k. A.
36	⇨	36	Braun Melsungen	4	3	35	29	218	112
37	⇧	39	dm-Drogeriemarkt	4	2	27	20	k. A.	k. A.
38	⇧	–	Dachser	4	–	17	–	k. A.	–
39	⇩	32	Behr	3	3	19	16	7	48
40	⇧	–	Knorr-Bremse	3	–	14	–	198	–

In der Rangliste nicht enthalten: Banken und Versicherungen, Unternehmen unter Kontrolle des Staates wie die Deutsche Bahn, Unternehmen, die mehrheitlich in Besitz von internationalen Finanzinvestoren sind, Tochtergesellschaften von Konzernen
[1] vormals Karstadt-Quelle
[2] vormals Tchibo Holding
– = 2002 im Ranking nicht enthalten
k. A. = keine Angabe

Quelle: Weissman

Während man den geplanten mehrheitlichen Einstieg von Porsche bei VW schon aus historischen Gründen noch als eine Art Familienzusammenführung werten kann – beide Hersteller haben mit dem Autopionier Ferdinand Porsche die gleichen Wurzeln –, ist die Offerte der Kugel- und Wälzlagergruppe Schaeffler für den Reifenhersteller Continental ein eindeutiger Beleg für weiter reichende Ambitionen. Die Avancen aus Franken bekommen schon deshalb so viel mediale Aufmerksamkeit, weil sie wie eine unternehmerische Inszenierung der biblischen Geschichte vom Kampf des Jünglings David gegen den riesigen Krieger Goliath wirkt. Während die Firma von Maria-Elisabeth und Sohn Georg Schaeffler mit 66.000 Mitarbeitern im vergangenen Jahr knapp 9 Milliarden Euro umsetzte, brachte es der in Hannover beheimatete DAX-Konzern mit gut 150.000 Mitarbeitern auf 16,6 Milliarden Euro. Mehrere Milliarden Euro wird die Familie Schaeffler das Geschäft kosten, wie viel genau, ist noch offen. Der Kampf läuft noch.

Es ist nicht der einzige Deal, den sich vermögende Familien – direkt oder indirekt über ihre Vermögensverwaltungs- oder Beteiligungsgesellschaften – in letzter Zeit geleistet haben: Die Tchibo-Erben Michael und Wolfgang Herz beteiligten sich für einen mittleren zweistelligen Millionen-Betrag mit knapp einem Viertel am Damenmodeschneider Escada. Die Familie Reimann, die ihr Vermögen über die Ludwigshafener Holding Joh. A. Benckiser kanalisiert, erwarb im April über die Tochter Labelux den Schweizer Lederkonzern Bally vom Finanzinvestor Texas Pacific Group. Der Kaufpreis wurde nicht genannt. Im Portfolio der Reimanns steckt auch der Kosmetik- und Parfumhersteller Coty mit Marken wie Calvin Klein, Jil Sander oder Chloé sowie ein Paket am Waschmittel- und Reinigungskonzern Reckitt Benckiser mit Marken wie Calgonit, Clearasil und Kukident. Quandt-Erbin und BMW-Großaktionärin Susanne Klatten erwarb im Juli 2008 aus den Beständen der Beteiligungsgesellschaft CMP und Goldman Sachs rund ein Fünftel der Aktien des Windkraftanlagenbauers Nordex. Die Liste ließe sich noch eine ganze Weile fortsetzen.

Im Zuge der Finanzkrise werde das »eine oder andere Unternehmen aus den Portfolios der Private-Equity-Firmen frei werden, um das die Familienunternehmen noch vor zwei, drei Jahren vergeblich gebuhlt haben«, erwartet Weissman. Hochgradig fremdfinanzierte Übernahmen, wie sie Finanzinvestoren so liebten, werde es mittelfristig kaum mehr geben. Allerdings kommen auch viele Familien nicht ohne fremdes Kapital aus. Vielleicht werde die Finanzkrise auch kurzfristig ihren Übernahmeeifer bremsen. »Die schwächeren Firmen bekommen keine Finanzierung mehr oder sie zahlen deutlich mehr dafür«, sagt Weissman.

Nur wenige strotzen so vor Kraft, dass sie Käufe notfalls ohne Banken stemmen können, wie die Brüder Andreas und Thomas Strüngmann seit dem Verkauf ihres Generikaherstellers Hexal. Im Wettbewerb um Kredite haben nach Weissmans Einschätzung die Familienfirmen – wenn auch zu höheren Preisen – die besseren Karten, weil sie mehr Eigenkapital bieten. Nicht wenige haben in den vergangenen Jahren des Aufschwungs prächtig verdient. »Die Familien sind handlungsfähig«, sagt Weissman, »und sie werden handeln.«

Zumal sie die Objekte der Begierde nun deutlich preiswerter bekommen dürften als noch vor Jahren. Die Preise für Unternehmen seien gefallen und würden weiter fallen, weil die Private-Equity-Fonds in nächster Zeit ihre überteuerten Zukäufe nicht mehr finanzieren können. »Da wurden Preise gezahlt, die das Zwölf- bis Fünfzehnfache des Ergebnisses vor Steuern, Zinsen und Abschreibungen betrugen, und den übernommenen Firmen Schulden aufgebürdet. Das konnten die nie verdienen«, sagt Weissman.

In fünf Jahren, davon ist der Berater überzeugt, werden die Familienunternehmen im Vergleich zu den reinen Publikumsgesellschaften noch besser dastehen, als sie es jetzt schon tun. In Weissmans Analyse der beiden Lager gelten auch börsennotierte Konzerne wie Metro und BMW als Familienunternehmen, weil sie unter dem maßgeblichen Einfluss einer Familie stehen – beim Handelskonzern sind es die verbündeten Familien Haniel und Schmidt-Ruthenbeck, beim Autohersteller der Quandt-Clan. Der Vergleich mag hier und da unvollkommen erscheinen: Ein Vergleich der Ertragskraft wird schon dadurch unmöglich, dass die Familien gern verschweigen, was sie verdienen. Die 40 größten Publikumsgesellschaften brachten es nach Weissmans Berechnungen im vergangenen Jahr auf zusammen rund 890 Milliarden Euro Umsatz, die Familien auf 545 Milliarden. Weissman ist überzeugt: »Im Jahr 2012 werden die 40 größten Familienkonzerne zusammen größer sein als die 40 größten Publikumsgesellschaften.«

Der Blick zurück zeigt: In den betrachteten fünf Jahren war die Unruhe unter den Publikumsgesellschaften größer. 13 Konzerne, darunter MLP, Phoenix, Epcos und Jenoptik, konnten ihren Platz in der Spitzengruppe nicht halten. Dagegen flogen nur sechs Familienunternehmen aus der Rangliste: Walter-Bau wegen Insolvenz, Wella nach der Übernahme durch Procter & Gamble, Röchling nach dem Wandel vom Mischkonzern zur Kunststoff-Gruppe und Altana nach der Aufspaltung; die Reste des im MDAX notierten Konzerns besitzt mehrheitlich die Quandt-Erbin Susanne Klatten.

Zwar hält Weissman die »kapitalmarktfähigen Familienunternehmen für die eindeutig überlegene Unternehmensform, aber nicht für unfehlbar«. Der eine oder andere mag mit seinem Zukauf in den vergangenen Monaten zu früh dran gewesen sein. »Die Schaefflers könnten heute Continental deutlich preiswerter haben«, sagt Weissman. Auch Quelle-Erbin Madeleine Schickedanz dürfte ihr Engagement bei Arcandor, vormals Karstadt-Quelle, teuer zu stehen kommen. Glücklicher agierte die Familie ihrer Nichte Margarethe Dedi-Riedel. Sie zog sich rechtzeitig zurück. »Sicher werden auch in den nächsten fünf Jahren einige Familienkonzerne weiter nach unten durchgereicht.«

Joachim Käppner

Die Wahrsagerin zahlt, der Anwalt nicht: Abgaben als Standortfaktor

Das Paradies ist hier nicht mehr. Dabei sieht alles aus wie immer – noch immer weht der raue Wind vom Meer her durch Norderfriedrichskoog, noch immer hat das Dorf an der Nordseeküste kaum vier Dutzend Einwohner, noch immer lockt der Ferienhof Lorenzen Kinder mit bunten Bobby-Cars in Form von Traktoren. Und doch ist alles anders: Norderfriedrichskoog ist kein Steuerparadies mehr. Die Gemeinde hatte Furore gemacht, als sie die Gewerbesteuer abschaffte, respektive einen Hebesatz von 0 Prozent nahm. Da dies auf dasselbe hinauslief, gab es in den hübschen Bauernhäusern bald mehr Briefkastenfirmen als Einwohner, sogar große DAX-Unternehmen gründeten mehr oder weniger virtuelle Niederlassungen, die hier Gewinne der Mutterhäuser verwalteten oder auch nicht. Sie waren jedenfalls da, aus Sicht der Kritiker Phantome eines seelenlosen Kapitalismus. Ihr Ziel: Gewerbesteuer zu sparen.

Seit der Gewerbesteuerreform ist das nicht mehr möglich. Norderfriedrichskoog, das Steuerschlupfloch am Meer, ist ein Paradies von gestern, es muss jetzt Gewerbesteuer nehmen. Trotzig erhebt es nun den niedrigsten Satz in der Bundesrepublik und dennoch, so heißt es: »Die Großen sind alle weg.«

Die Gewerbesteuer sprudelt in Deutschland lebhafter als je zuvor. 2007 waren es bundesweit 33 Milliarden Euro, ein Rekordergebnis. Vor allem die wirtschaftsstarken Zentren profitieren davon, der Erfolg spricht für sich. Kaum zu glauben, dass der erbitterte Grundsatzstreit um die Gewerbesteuer gerade einmal fünf Jahre her ist; dass die Wirtschaft damals, in Zeiten der Flaute, dagegen aufbegehrte; dass die Städte mit dem Rücken zur Wand standen.

Die Gewerbesteuer heute ist freilich nicht mehr das, was sie damals war: ein krisen- und konjunkturempfindliches Instrument für Schönwetterzeiten. Seit der Unternehmenssteuerreform der Großen Koalition taugt sie auch für Unwetter. Die Schlupflöcher für Unternehmen sind wesentlich kleiner geworden, auch wenn es noch immer einige kuriose Ungleichheiten gibt: Johannes Rau hatte als Gast des Städtetags einmal gespöttelt, in Deutschland zahle die Wahrsagerin Gewerbesteuer, die Anwaltskanzlei mit Dutzenden Mitarbeitern aber nicht. Daran hat sich nichts geändert, weil das Bundesverfassungsgericht die Erfassung von Freiberuflern unterbunden hat. Doch ansonsten haben die Kommunalverbände in den vergangenen fünf Jahren fast alles durchgesetzt, was sie durchsetzen wollten.

Die liebgewonnene Praxis von Firmen, Gewinne zwischen Töchterunternehmen im In- und Ausland hin- und herzuschieben sind größtenteils vorbei. Steuerfreiheit für Leasingraten, Pachten und Zinsen – vorüber. Es gilt nun, dass nicht Gewinne allein, sondern Kapitalentgelte besteuert werden. Das merkwürdige Missverhältnis, dass Anfang des Jahrzehnts die Gewerbesteuerlast fast nur noch auf Familienbetrieben des Mittelstands lag – Schnee von gestern. Die Konzerne zahlen wieder mit. Das alles verdanken die Kommunalverbände der Großen Koalition. Vorbei ist die Zeit, in der ein Bundeskanzler namens Gerhard Schröder die Städte wie auszupressende Erbtanten als »reiche Verwandte« und den traditionsstolzen Städtetag als »den Gemeindeverband da« bezeichnete, was bedeutete: Die Kleinkrämer sollen sich heraushalten, wenn die Großen die Geschicke des Landes steuern.

Nur ging es eben genau um die Angelegenheiten der Kleinen, genauer: um ihr Geld. Die Rettung der Gewerbesteuer ist Christian Udes größter Erfolg als Präsident des Verbands, aber geschafft hätte er es nicht ohne zwei Verbündete aus dem Unionslager: seine Vorgängerin Petra Roth, CDU-Oberbürgermeisterin von Frankfurt am Main, und Josef Deimer, der fast vier Jahrzehnte lang für die CSU Landshut regierte und dem Bayerischen Städtetag vorstand. Roth konfrontierte die CDU-Spitze im Wahlkampf 2005 damit, dass die kommunale Basis der Partei die Unterstützung verweigern werde, wenn im Wahlprogramm die Forderung nach Abschaffung der Gewerbesteuer stehenbleiben würde. Die Forderung fiel fort. Und Deimer säte Schrecken in den Reihen der CSU, als er deren Bürgermeister für die Gewerbesteuer auf die Straße schickte. Noch dazu gab der Städtetag ein Gutachten beim Steuerrechtsprofessor Lorenz Jarass in Auftrag, wie denn die Gewerbesteuer stabiler zu gestalten sei. Sein Modell ist in weiten Teilen die Grundlage der Reform durch die Große Koalition.

Bei der SPD bremste ein veritabler Aufstand der Bundestagsfraktion Schröder und seinen damaligen Superminister Wolfgang Clement, die bei einem abendlichen Treffen am Maschsee der Gewerbesteuer ans Leder wollten. Diese Regierung, so Schröders Botschaft, lässt sich in Sachen Wirtschaftsfreundlichkeit von niemandem übertreffen. Doch die Fraktion bot ihm Paroli: Die Gesetze machen wir, hieß der Schlachtruf der Abgeordneten, angeführt von den Finanzexperten Joachim Poß und Bernd Scheelen.

Das Ergebnis all dessen ist die heutige Praxis – und der neue Wohlstand der Kommunen, die nach Jahren heftiger finanzieller Krisen nun endlich wieder ordentlicher wirtschaften können. Von Reichtum kann man nicht sprechen: Noch immer sind die Städte durch Kassenkredite in Höhe von insgesamt 28,4 Milliarden Euro belastet, noch immer ist der Nachholbedarf bei der Sanierung von Straßen und Gebäuden enorm. Die fetten Jahre sind vielerorts noch nicht zurückgekehrt, aber insgesamt geht es doch deutlich bergauf.

Nun aber könnte sich der Wind wieder drehen – unter dem Banner des Föderalismus. Im Eckpunktepapier der Kommissionsvorsitzenden Peter Struck (SPD) und Günther Oettinger (CDU) heißt es, eine Arbeitsgruppe werde unter anderem die »Stärkung der Länder-Gesetzgebungskompetenz bei der Gewerbesteuer« prüfen. In den Leitlinien der Unions-Bundestagsfraktion für die Kommission wird dies unterstützt. »Ist das nicht die Kommission, die Bürokratie abbauen wollte?«, ätzt Ude. Er hat den Hauptgegner ausgemacht, und zwar in den Reihen der Länderfürsten: Es ist ausgerechnet der Vorsitzende der Bund-Länder-Kommission selbst, Günther Oettinger, Ministerpräsident von Baden-Württemberg. Dieser wolle die Gewerbesteuer »erst zerfleddern, um sie dann ganz abzuschaffen«.

Oettinger weist den damit verbundenen Vorwurf sozialer Ungerechtigkeit gegenüber schwächeren Ländern weit von sich: »Herr Ude baut da einen Popanz auf.« Ihm gehe es »keineswegs darum, die Gewerbesteuer abzuschaffen«, sondern eine politische Schieflage. Obwohl die Länder für ihre jeweiligen Kommunen verantwortlich sind, liegt die Gesetzgebungskompetenz beim Bund. Darum sei es wichtig, auch hier »die föderale Ebene zu stärken«. Ist also gar kein Systemwechsel erwünscht? Ein wenig doch. Der Ministerpräsident hält die Gewerbesteuer für zu konjunkturabhängig und »damit nicht stabil genug«. Er schlägt daher vor, die Kommunen stärker über den Länderfinanzausgleich an den Einnahmen zu beteiligen – »das würde mehr Stabilität für die Städte bedeuten«. Oettinger räumt ein, dass dafür eine Verfassungsänderung nötig wäre.

Bernd Scheelen, Kommunalexperte der SPD im Bundestag und seinerzeit einer der Rebellen gegen Schröder (»Frei gewählte Abgeordnete knallen nicht die Hacken zusammen«), sagt zu den Plänen aus der Union schlicht: »Das mag im Eckpunktepapier stehen, aber es wird nicht passieren. Wir in der SPD-Fraktion machen bei einer Schwächung der Gewerbesteuer auf keinen Fall mit.« Die Städte würden geschwächt, die Länder »in einen ruinösen Wettbewerb zu Lasten der ärmeren getrieben«.

Die Frontstellung ist seitens der Kommunen unverändert: Sie sind fast alle, gleich ob rot, schwarz oder sonst wie regiert, für die Beibehaltung der Gewerbesteuer in der jetzigen Form. Man kann davon ausgehen, dass sie auch die jüngste Attacke überleben wird, zumal sich die Wirtschaft insgesamt gut damit arrangiert hat. Experte Jarass bezeichnet den Vorstoß der Länder, sie abzuschaffen, als »völlig aussichtslos«. SPD-Mann Scheelen sagt dazu: »Es gibt sicher ein besseres Modell als die Gewerbesteuer. Nur: Wir kennen es alle nicht.«

Jan Bielicki

»Ein unverantwortliches Chaos«

Interview mit Münchens Oberbürgermeister Christian Ude (SPD), zugleich Präsident des Deutschen Städtetags.

Herr Ude, in der Bund-Länder-Kommission zur Föderalismusreform ist der Gedanke aufgekommen, den Ländern die Gesetzgebungskompetenz für die Gewerbesteuer zu geben, die wichtigste Einnahmequelle der Städte. Warum rebellieren Sie dagegen?

Weil unser Steuerrecht noch komplizierter und chaotischer würde, das wäre unvermeidlich. Für bundesweit agierende Großkonzerne wäre das eine Katastrophe: Im Extremfall müssten sie bei ein- und derselben Steuer 16 verschiedene Ländergesetze berücksichtigen. Wollte diese Kommission nicht eigentlich Bürokratie abbauen? Das ist ein unverantwortliches Chaos, und schlimmer noch: Es wird vorsätzlich angerichtet.

Vorsätzlich von wem?

Ich habe nach den Gesprächen in der Bund-Länder-Kommission den sehr konkreten Verdacht, dass die Debatte um die Gewerbesteuer noch einmal vom Bundesverband der Industrie und anderen Wirtschaftsverbänden angezettelt wird. Dezidiert ist auch der Kommissionsvorsitzende, Baden-Württembergs Ministerpräsident Günther Oettinger dafür, die Gewerbesteuer erst zu zerfleddern, um sie dann ganz abzuschaffen. Das ist eine aberwitzige Idee. Man würde die eigene Untat, die Gewerbesteuer so kompliziert wie möglich zu machen, ihr selbst anlasten. Die Kommission hat außerdem den Auftrag, die Verschuldung der öffentlichen Hand abzubauen. Es sind aber derzeit nur die Kommunen, die sich entschulden, wie auch wir in München – dank der Gewerbesteuer. Hier ist die Aufgabe der Kommission ins Gegenteil verkehrt worden. Die Regierungschefs wohlhabender Länder, wie Herr Oettinger, könnten es sich leisten, besonders wirtschaftsfreundliche Gesetze zu erlassen. Aber die meisten Länder können das nicht. Der Wettbewerb zwischen wohlhabenden und ärmeren Länder würde sich verschärfen.

Mehr Wettbewerb zwischen den Bundesländern bei der Ansiedlung von Investoren – wäre das wirklich so schlecht?

Das klingt immer so schön. Es geht mittlerweile um 33 Milliarden Euro. Nun sagen die Gegner der Gewerbesteuer zwar immer, dass das selbstverständlich nicht ersatzlos verschwinden soll – das würde auch zum sofortigen Kollaps aller Städte führen. Es heißt: Sie soll ersetzt werden. Aber es hat noch niemand nachvollziehbar dargelegt, durch wen oder was. Irgendwas wird schon vom Himmel fallen. Es kommt als Ersatz aber nur einer in Betracht: der Bürger, der normale Steuerpflichtige. Wer die Gewerbesteuer abschaffen will, sagt leider nicht dazu, dass er den Bürger mit fast 40 Milliarden mehr belasten würde.

Wie gefährdet ist denn die Gewerbesteuer in ihrer jetzigen Form durch die Vorschläge der Föderalismuskommission?

Wir sind zuversichtlich, dass die Abwehrfront hält. Aber wir müssen sehr wachsam sein, weil die Länder nach Aufgaben dürsten und nach jeder eigenen Kompetenz zur Gesetzgebung greifen, die ihre Existenzberechtigung unterstreicht. Die Kritiker der Gewerbesteuer stehen ja in der Wirtschaft, der FDP und in Teilen der Union Gewehr bei Fuß.

Viele Gegner – welche Verbündeten haben Sie dann überhaupt?

Ich habe mit der SPD-Fraktion im Bundestag gesprochen. Die halten zum Glück, nach Rückfällen in der Amtszeit Schröder, die Gewerbesteuer für einen Aktivposten, was auch stimmt. Die SPD wird bei einem Abschied von der Gewerbesteuer nicht mitmachen. Es gibt viel positive Resonanz, ja fast schon Dankbarkeit bei den deutschen Kommunen. Es gibt viele Länder, die immer beteuert haben, das Thema sei für sie erledigt, wie zum Beispiel Bayern.

Warum senken Sie in München die Gewerbesteuer eigentlich nicht, wenn sie so üppig fließt? Frankfurt hat es Ihnen vorgemacht.

Das Beispiel Frankfurt ist dramatisch. Die Stadt hat den Hebesatz für die Gewerbesteuer gesenkt, um 30 Punkte. Das Einzige, was daraufhin geschehen ist, war der Wegzug der Deutschen Börse nach Eschborn vor die Tore Frankfurts. Die Senkung bringt gar nichts, wenn ein Unternehmen ins Umland ziehen will. Dort ist der Hebesatz immer drastisch geringer. Die Kernstädte, die viel mehr Aufgaben erledigen, müssen so attraktiv sein, dass die Unternehmen dorthin wollen. Wir haben den höchsten Gewerbesteuersatz, aber alles in die Attraktivität der Infrastruktur gesteckt. Nun siedelt sich mit der Linde Group dauerhaft das achte DAX-Unternehmen in der Stadt an. Für sie ist die Präsenz am Standort wichtiger als der Hebesatz. Für solche Unternehmen ist die Gewerbesteuer nur ein Gesichtspunkt unter vielen.

Immer wieder ist von Schatten über der Konjunktur die Rede. Haben die Gemeinden schon einen neuen Forderungskatalog in der Tasche, für den Fall, dass die Unternehmen weniger zahlen können?

Aber nein. Selbstverständlich werden wir bei einem Rückgang der Konjunktur auch einen Rückgang unserer Steuereinnahmen verkraften müssen. Das ist eine simple Frage der Logik.

Joachim Käppner

Theater und Industriegebiet: Wofür die Kommunen seit Jahrhunderten die Hand aufhalten

Gerhard Schröder war als Bundeskanzler kein Freund des Gemeindefinanzwesens, von ihm stammt aber das schönste Bonmot zum Thema: Kommunalfinanzen seien so kompliziert, dass diejenigen, die sie verstehen, sie nicht erklären könnten, und diejenigen, die sie erklären müssten, sie nicht verstünden. Ähnlich verhält es sich mit der Gewerbesteuer.

Vereinfacht gesagt, ist die Gewerbesteuer die Gegenleistung eines Unternehmens für die Aufwendungen, welche die Stadt für das Gewerbe aufbringt. Diese reichen vom Gewerbegebiet über ordentliche Straßenverbindungen bis zu einem ausreichenden Nahverkehr. Aus Sicht der Städte gehen sie aber noch deutlich weiter, da einem Unternehmen auch die weichen Standortfaktoren zugutekommen, also die Attraktivität der Stadt: Bietet sie gute Schulen, ein hochklassiges Kulturleben, viele Freizeitangebote?

München zum Beispiel ist eine der attraktivsten Kommunen des Landes, und so zieht es zahlreiche Unternehmen mitten in die Stadt, weil der Firmensitz München gut für den Nimbus ist. Und München lässt sich das mit dem höchsten Gewerbesteuersatz in Deutschland vergolden. Fast genauso hoch sind die Sätze vielerorts in Nordrhein-Westfalen, dort aber meist aus schierer Not. Städte wie Bottrop müssen jeden Cent nehmen, den sie kriegen können – und laufen damit Gefahr, dass Investoren lieber ins preiswerte Umland abwandern. Große Städte haben wegen ihrer Zentralfunktion immer einen größeren Geldbedarf als das ländliche Umfeld: Sie müssen U-Bahn und Theater finanzieren, aber auch weit höhere Sozialleistungen.

Die Gewerbesteuer gehört wie die Grundsteuer zu den sogenannten Real-, Objekt- oder Sachsteuern. Für die Städte ist sie die wichtigste Einnahmequelle – und neben der Grundsteuer die einzige, die sie weitgehend selbst beeinflussen können. Denn über die Anteile an der Einkommen- und Umsatzsteuer, welche die Städte außerdem bekommen, können sie nicht selbst entscheiden.

Besteuert werden der Betrieb und seine Ertragskraft, nicht allein der Gewinn. Das bedeutet, dass auch Pachten, Zinsen und Leasingraten einbezogen werden. Ausgenommen sind Land- und Forstwirtschaft sowie freie Berufe und andere selbstständige Tätigkeiten. Ein Teil der städtischen Einnahmen steht dem Bund und den Ländern zu – durch die Gewerbesteuerumlage, einer Steuer auf die Steuer.

Die Gewerbesteuer geht, unter anderem Namen, bis in die Städte des Mittelalters zurück. Die Zunftbetriebe hatten für das Gemeinwohl mit aufzukommen – etwa für die Pflege der Stadtbefestigung, was nach damaligen Kriterien sehr verantwortungsbewusste Standortpolitik war. 1479 mussten zum Beispiel Münchens Wirte für die Maurer und Zimmerer aufkommen, »als sie auf der stat maur sind umgangen, die maur, geng und turm zu sichten«. In der

Weimarer Republik war die Gewerbesteuer Sache der Einzelstaaten, also der Länder. Seit 1936 liegt sie in der Hand der Kommunen, Artikel 106 Absatz 6 der Verfassung schreibt dies ausdrücklich fest. 1997 wurde sie eingeschränkt, 2003 gerade noch bewahrt und unter der Großen Koalition ab 2005 ausgeweitet. Eine Rückkehr zur Länderhoheit, wie in der Föderalismuskommission II vorgeschlagen, bedürfte einer Änderung des Grundgesetzes.

Joachim Käppner

Schönheit hat ihren Preis: Die Städte lernen die Finanzkrise zu fürchten

Auch Oberbürgermeister brauchen Erholung, und Christian Ude, München, fährt dann gern mit dem Fahrrad herum. Zum Beispiel nach Grünwald: Der Vorort ist bekannt aus Derrick-Krimis, in denen sich hinter Villenfassaden die Abgründe eines Lebens in Reichtum auftun; er besitzt eine schöne Burg, teure Wohnstraßen und Autohändler für gehobene Limousinen. Was der radelnde OB Christian Ude auch reichlich sieht, sind die Schilder der Leasingfirmen. Sie zahlen hier nämlich deutlich weniger Gewerbesteuer als in München, und da sie wenig Personal- und Sachaufwand haben, spielt der Unterschied eine Rolle. München verlangt mit einem Hebesatz von 490 die höchste Gewerbesteuer im ganzen Land – Grünwald gerade einmal die Hälfte.

Den Sozialdemokraten Ude ficht das nicht an. Wenn die geschrumpfte CSU im rot-grün beherrschten Stadtrat wieder einmal die Senkung der Gewerbesteuer fordert, lächelt er milde. Er kann es sich leisten: Die Stadt boomt, es gibt fast keine leer stehenden Büroräume. Auf der Münchner Immobilienmesse Expo Real gibt man sich mit Peanuts wie Gewerbesteuerhebesätzen erst gar nicht ab. Tausende Interessenten füllen die Neue Messe, am Abend ist die Nobeldisko P1 ebenso ausgebucht wie das Gros der angesagten Locations der Stadt. München hat die wichtigste Gewerbeimmobilienmesse in Europa. Auf einem Podium wettert Ude gegen die Finanzspekulanten. Wer aber, sagt er, »statt in dubiose Papiere Geld in Münchner Immobilien investiert, kann seit Jahren mit beständiger Wertsteigerung rechnen«. Krise? Hat jemand etwas von Krise gesagt?

Und doch ist sie da, selbst auf der Expo Real. Überall ist, meist eher verlegen, von Investoren und Gründern zu hören, die keinen Kredit mehr bekommen, von Kaufwilligen, denen keine Bank helfen mag. Ude, gleichzeitig Präsident des Deutschen Städtetags, sieht die Finanzkrise mit Sorge. Ein goldenes Jahr wie 2007, in dem die Städte einen Überschuss von 8,6 Milliarden Euro erzielten – was den Gewerbesteuereinnahmen von 40,1 Milliarden Euro zu verdanken ist –, wird sich vor dem dunklen Horizont der Finanzkrise gewiss nicht wiederholen. »Im schlimmsten Fall kommt es wieder zu einem so massiven Einbruch der städtischen Einnahmen wie vor fünf oder sechs Jahren«, sagt Ude, »dann ist die nächste Krise der Kommunen da.« Sicher sei jedenfalls, dass die Prognose des Arbeitskreises Steuerschätzungen, man werde auch in den Rathäusern »auf relativ hohem Einnahmeniveau bleiben, überhaupt nicht haltbar ist.«

Der städtische Etat, so Ude bei der Vorstellung des neuen Haushalts, »steht auf schwankendem Boden«. Jeder weiß: Die Krise kann die Stadt dreistellige Millionensummen kosten. Und käme es wirklich so schlimm, sagt Ude, »dann würden wir als erstes die Rückzahlung der städtischen

Schulden beenden – und zweitens Konsolidierungsprogramme starten«, sprich: die Schere da ansetzen, wo es wehtut – Sozialgelder, Zuschüsse, Kulturförderung. Fiskalisch, erklärt Münchens Stadtkämmerer Ernst Wolowicz daher, sei eine Senkung der Gewerbesteuer »derzeit absolut unverantwortlich«.

Ude verweist auf das Beispiel der Stadt Frankfurt, die ihren Hebesatz als »Signal an die Wirtschaft« geringfügig gesenkt hatte. »Und was hat es ihr genutzt? Die Deutsche Börse ist nach Eschborn gezogen.« Das war in der Tat ein schockierendes Erlebnis für die Bankenstadt am Main: Sie schraubte den Hebesatz mit Mühe von 490 auf 460 hinunter. Kein Problem für Eschborn, den reichen Ort draußen vor den Toren: Er lockte mit 280, da war die Sache entschieden. München würde eine solche Senkung 80 Millionen Euro kosten. Mit einem Wort, so Ude: »Großstädte können mit den Niedrigangeboten des Umlandes meist nicht konkurrieren – und sie sollten es, wenn möglich, auch gar nicht erst versuchen.«

Der Sog nach draußen ist aber durchaus ein Problem. München hat auf diese Weise die Elektronikfirma ESG an sein aufstrebendes Umland verloren und tut sich doch leicht. Die Konzerne drängen geradezu in die innere Stadt – bald wird in der Nähe des Jakobsplatzes der prächtige neue Firmensitz der Linde AG fertig sein, Udes Lieblingsbeispiel dafür, dass der Standort München nicht davon abhängt, »wie hoch der Hebesatz ist, sondern was er bietet und sich leisten kann«. Die Infrastruktur will ja bezahlt sein, zum Beispiel ein 100-Millionen-Euro-Anbau des Stararchitekten Sir Norman Foster für das Lenbachhaus und seine Kunstsammlungen.

»Die Höhe der Gewerbesteuer war für unsere Entscheidung kein wesentlicher Faktor«, sagt Unternehmenssprecher Uwe Wolfinger. Linde, ein DAX-Konzern und führend im Anlagenbau und bei Industriegasen, ist natürlich nicht nur nach München gekommen, weil der Himmel so blau, die Wirtschaftsförderung so unvergleichlich und Linde–Chef Wolfgang Reitzle München-Fan ist. Man hat Standorte in Mainz sowie Aschaffenburg geschlossen und die Zentrale zog auch deshalb von Wiesbaden nach München, weil in Pullach ein Werk mit Tausenden Arbeitsplätzen steht. Außerdem erwirtschaftet Linde nur ein Zehntel seines Umsatzes in Deutschland, von dem dank der »Gewerbesteuerzerlegung« – ein Begriff aus dem verbalen Höllenarsenal des Steuerrechts – nur ein kleiner Teil in München, dem Sitz der Zentrale, versteuert wird. Vor diesem Hintergrund ist es für einen Global Player wie Linde unerheblich, ob in München ein Gewerbesteuersatz von 490 oder 460 Punkten besteht.

Aber das ist ja genau der Vorteil Münchens. Es ist attraktiv, es hat ein reiches Reservoir an Fachkräften – und ein Firmensitz in der Münchner City, an einem der schönsten Plätze der Stadt, ist natürlich ein Imagefaktor ersten Ranges. »Linde Group Munich«, das klingt anders als »Linde Group Pullach«. München kann es sich leisten, die höchste Gewerbesteuer zu verlangen. Gelsenkirchen oder Wuppertal müssen hohe Sätze nehmen, sonst liefe in den strukturschwachen Städten gar nichts mehr. Andererseits ist der Reiz für Investoren, sich dort niederzulassen, deutlich geringer – ein Teufelskreis.

Nun heißt das nicht, dass Münchens Mittelstand freudig Gewerbesteuer zahlt. Die Stadt ist teuer, die Kostenlast hoch, die Krise bedrohlich nah. Zu den Traditionsbetrieben gehört der Löwenbräukeller, frisch gepachtet vom jungen Gastronomen Christian Schottenhamel aus der berühmten Wirtsfamilie, in deren Zelt das Oktoberfest vom Oberbürgermeister eröffnet wird. Schottenhamel sieht mit Unwillen dem Gewerbesteuerbescheid 2008 entgegen: Die von Ude in dessen Eigenschaft als Städtetagspräsident gefeierte »Ausweitung der Bemessungsgrundlage« bei der Gewerbesteuer durch die Unternehmenssteuerreform sieht auch die Besteuerung von Zinsen, Pachten und Leasingraten vor – und das könnte für den Großpächter Schottenhamel teuer werden. Er wünscht sich, »dass die Stadt unseren unternehmerischen Einsatz auch mit einer finanziellen Geste würdigt und den Hebesatz senkt«. Dabei gehe es »weniger um die Summe als mehr um einen Anreiz und ein Zeichen gegenüber Investoren: Wir freuen uns, wenn ihr herkommt!«

Wirtskollege »Wiggerl« Hagn sieht das genauso, auch wenn er mit bayerischer Selbstironie sagt: »Jede Steuer ist zu hoch, genauso wie der Preis für die Maß Bier.« Da er sein Wiesn-Zelt von der Brauerei pachtet, muss er dafür Gewerbesteuer zahlen, und zwar 18.400 Euro zusätzlich nur für die 16 Festtage. Wer ein eigenes Zelt hat, zahlt das nicht. »Das tut weh«, sagt Hagn, »aber mei: Dafür leben wir halt in München, der schönsten Stadt der Welt.«

Björn Finke

Zwei Wochen im Jahr für Formulare: Die Last mit den Behörden

Manchmal können 8 Millimeter ganz schön viel sein. Sie können zum Beispiel den Unterschied bedeuten zwischen ungestörtem Arbeiten und wochenlangem Ärger mit den Behörden. Diese Erfahrung musste Albert Heckl machen, der in Gersthofen bei Augsburg mit zehn Angestellten eine Kunst- und Bauschlosserei betreibt. Zehn Jahre lang hatte seine Blechbiegemaschine ihren Dienst getan, ohne dass es je zu einem Unfall kam. Doch dann schaute ein Beamter des Gewerbeaufsichtsamts einmal ganz genau hin und monierte, die Lücke zwischen zwei Bauteilen der Maschine sei um jene Winzigkeit zu groß. Da könnten Arbeiter mit dem Finger hineingeraten. Schlossermeister Heckl fiel aus allen Wolken: Die tückische Lücke war zuvor bei Kontrollen nie beanstandet worden. Dem Hersteller der Maschine war diese Klage gleichfalls neu.

Über Wochen stritt sich der Unternehmer mit der Behörde herum: ohne Erfolg. Am Ende musste er die Maschine für 700 Euro umbauen lassen. Und das war bloß der finanzielle Schaden. Heckl hatte außerdem wertvolle Arbeitszeit – und Nerven – in die fruchtlose Auseinandersetzung investiert. »Diese Schikane war wirklich Wahnsinn«, sagt er. Aber auch jenseits von Debatten um 8 Millimeter kosten den Mittelständler die Vorgaben und der Informationshunger der Ämter eine Menge Zeit. »Die Bürokratie ist eine gewaltige Belastung«, klagt er.

Wie ihm geht es vielen. Bei Umfragen des Bundesverbands der Deutschen Industrie (BDI) küren die Firmen den Bürokratieabbau regelmäßig zu einer der wichtigsten Aufgaben der Politik. Mehr als jedes zehnte Unternehmen, das Standorte im Ausland eröffnet, erklärt demnach, einer der Gründe dafür seien die niedrigeren bürokratischen Hürden dort.

Am härtesten trifft die amtliche Regelwut kleine Betriebe. Das Institut für Mittelstandsforschung (IfM) in Bonn schätzt, dass sich in Firmen mit weniger als zehn Mitarbeitern jeder Angestellte im Schnitt 64 Stunden pro Jahr Formularen und Verordnungen widmet: Das sind fast zwei Arbeitswochen. An- und Abmeldungen bei den Sozialversicherungen, Genehmigungsanträge, die Ermittlung von Steuern und Abgaben – es ist immer genug zu tun. Die Kosten beziffert das IfM auf jährlich 4.361 Euro pro Beschäftigten. Bei Betrieben mit mindestens 500 Angestellten sind es nur 354 Euro, weil sich die Last auf mehr Schultern verteilt.

»Die Bürokratie lähmt den Unternehmergeist«, befürchtet Professor Frank Wallau vom IfM. »Bei kleinen Betrieben sitzt der Chef am Wochenende im Büro und füllt Formulare aus, statt sich zu erholen oder sich Gedanken über Marktlücken zu machen.« Die Belastung verzögere Investitionen und die Schaffung neuer Jobs. Für Schlossermeister Heckl ist eine der größten Bürden die Pflicht, Rechnungen zehn Jahre aufzubewahren. »Das ist eine derartige Papierflut, da weiß man kaum noch, wohin damit«, sagt er.

Dass diese Einschätzung nicht lediglich auf einem Bauchgefühl beruht, sondern ein Faktum ist, zeigt eine Aufstellung der Bundesregierung. Die Ministerien haben sämtliche Informations- und Aufbewahrungspflichten zusammengetragen, und das Statistische Bundesamt hat dann ermittelt, wie groß der Aufwand jeweils ist. Das Ergebnis: Die Anordnung im Umsatzsteuergesetz, dass Betriebe Rechnungen zehn Jahre lang aufbewahren müssen, ist mit Abstand die schwerste Last.

Kompliziertes Steuerrecht: Die 50 aufwendigsten Informationspflichten nach Rechtsbereichen

Das Bundesministerium und das Statistische Bundesamt haben ermittelt, welche Informations- und Aufbewahrungspflichten für Firmen am aufwendigsten sind. Fast ein Viertel der fünfzig teuersten Verpflichtungen stammt aus dem Bereich Steuern und Abgaben. Die Pflicht, laut Umsatzsteuergesetz (UStG) Rechnungen zehn Jahre aufbewahren zu müssen, ist pro Jahr für die deutsche Wirtschaft am teuersten. Doch auch im Handelsgesetzbuch (HGB), im Gewerbesteuergesetz (GewStG) und im Körperschaftssteuergesetz (KStG) finden sich aufwendige Vorgaben.

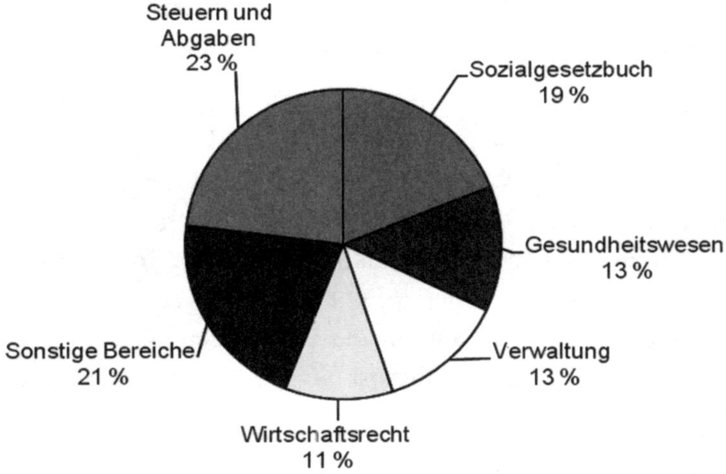

Quelle: Staatssekretariatsausschuss Bürokratieabbau, Stand April 2008

Das Messprojekt gehört zu dem ambitionierten Plan der Regierung, die Bürokratie bis 2011 um ein Viertel abzubauen. Dieses hohe Ziel hat sich Bundeskanzlerin Angela Merkel (CDU) gesteckt, die der Bekämpfung der Bürokratie zumindest nach außen hin mehr Bedeutung einräumt als jeder ihrer Vorgänger. Teil des Programms ist auch, dass ein neues Gremium, der Normenkontrollrat, seit 2006 bei Gesetzen prüft, ob man deren Ziele nicht auch mit weniger Aufwand für die Firmen erreichen kann. Zudem wurden drei Rechtsakte mit dem sehr bürokratischen Namen »Mittelstands-Entlastungsgesetze« verabschiedet, welche die Kosten der Betriebe um insgesamt 850 Millionen Euro senken sollen.

Verbände enttäuscht

Mittelständler Heckl fühlt sich jedoch nicht wirklich entlastet: »Das war bisher nicht der große Wurf. Kleinunternehmer spüren das kaum.« Die Wirtschaftsverbände geben sich gleichfalls enttäuscht. »Die Abschaffung einzelner eher unbedeutender Vorschriften reicht nicht aus, um das Problem der bürokratischen Überregulierung zu beseitigen«, heißt es in einer Stellungnahme zum dritten dieser Gesetze vom BDI und der Bundesvereinigung der Deutschen Arbeitgeberverbände (BDA). Der Deutsche Industrie- und Handelskammertag (DIHK) hält die Chancen, dass die Regierung ihr Abbauziel bis 2011 erreicht, inzwischen für sehr gering, sofern jetzt nicht doch noch durchgestartet wird. Heckl hätte da schon so eine Idee, wie der Staat Tempo machen könnte. »Ich habe ja nichts gegen Gesetze«, sagt er, »aber für jedes neue sollte die Regierung vier oder fünf alte abschaffen, die nicht mehr unbedingt nötig sind.«

Björn Finke

»Wir befinden uns an einem kritischen Punkt«

Interview mit Gisela Färber, Professorin für Volkswirtschaftslehre an der Deutschen Hochschule für Verwaltungswissenschaften in Speyer und Mitglied im Nationalen Normenkontrollrat, über den Kampf für einfache Gesetze und die Lernfähigkeit der Beamten

Frau Professorin Färber, wie teuer kommt Bürokratie die deutschen Unternehmen jährlich zu stehen?

Meine Kollegen im Normenkontrollrat und ich gehen von 50 Milliarden Euro aus. Die Summe umfasst aber nur den Aufwand, der durch Informationspflichten entsteht. Darunter fallen zum Beispiel die Kosten dafür, dass eine Firma einen Mitarbeiter bei den Sozialversicherungen anmeldet oder Rechnungen über viele Jahre fürs Finanzamt aufbewahren muss. Die Ministerien haben etwa 11.000 dieser Pflichten identifiziert, das Statistische Bundesamt misst deren Kosten. Allerdings ist diese Bestandsmessung noch nicht ganz abgeschlossen. Der letzte Stand war hier 35 Milliarden Euro.

Der Zeitplan des Normenkontrollrats sah eigentlich vor, dass die Messung der Bürokratiekosten Ende 2007 abgeschlossen sein sollte.

Ja, diese Verzögerung ist sehr ärgerlich. Was lange dauert, ist weniger das Messen der Kosten als vielmehr die Abstimmung mit den Ressorts. Das Statistische Bundesamt hat immer wieder Summen bei Gesetzen ermittelt, die den zuständigen Ministerien zu hoch erschienen – teilweise zu Recht. Da wurde dann noch mal nachgerechnet und korrigiert.

Wieso schaut der Normenkontrollrat nur auf den begrenzten Bereich der Informationspflichten?

Sicher, es gibt daneben noch viele andere Dinge, die Unternehmen im Umgang mit Behörden belasten. Denken Sie etwa an den Aufwand und die Wartezeit, um eine Baugenehmigung zu bekommen. Unsere Arbeit ist aber ein Einstieg: Erstmals werden nun Bürokratiekosten systematisch gemessen, und es wird geprüft, wie man sie verringern kann. Diese Zahlen kann so schnell keiner ausradieren. Wir haben uns dabei den Teil vorgenommen, bei dem man die Belastung am besten erfassen kann.

Das Messen ist das eine, aber kommt denn auch der Bürokratieabbau voran? Die drei Mittelstands-Entlastungsgesetze der Bundesregierung sollen den Firmen 850 Millionen Euro Bürokratiekosten ersparen. Das ist bei 50 Milliarden Euro Gesamtkosten doch ein Witz.

Ganz klar: Die drei Gesetze reichen natürlich nicht. Das ganze Projekt Bürokratieabbau befindet sich derzeit an einem kritischen Punkt. Die Regierung will bis 2011 die Kosten um ein Viertel verringern, die Hälfte davon soll schon bis zur Bundestagswahl in einem Jahr erreicht werden. Immerhin hat der zuständige Staatssekretärsausschuss im Frühjahr eine Liste mit 111 Maßnahmen und einem Abbauvolumen von 4,4 Milliarden Euro vorgelegt. Das ist doch schon mal eine anständige Hausnummer.

Ist ein Abbau um ein Viertel überhaupt realistisch?

Warum denn nicht? Das haben unsere Nachbarn doch auch geschafft: die Holländer, die Briten, die Dänen.

Hat sich die Regierung Ihrer Schätzung der Bürokratiekosten angeschlossen? Will Berlin also ein Viertel von 50 Milliarden Euro einsparen?

Das Ausgangsvolumen bestimmt das Abbauziel. Je größer der Ausgangswert, desto mehr muss der Staat einsparen. Ich hoffe sehr, dass die Regierung mutig ist und nicht versucht, den Ausgangswert kleinzurechnen. Denn Bürokratieabbau lohnt sich: Er stärkt die Wettbewerbsfähigkeit der Unternehmen und sichert Jobs.

Welche Posten sind strittig?

Da geht es zum Beispiel um den Aufwand dafür, dass Firmen Bilanzen aufstellen müssen. Das Justizministerium sagt, das würden Unternehmen sowieso machen, es gibt keine Zusatzbelastung durch die Gesetze. Der Normenkontrollrat argumentiert, dass das Steuerrecht und andere Gesetze Abweichungen von der normalen Handelsbilanz verlangen. Die zusätzliche Arbeit verursacht Kosten von 4,5 Milliarden Euro Kosten pro Jahr.

Wie kommen Sie auf diese Zahlen?

Hier wird das sogenannte Standardkosten-Modell angewandt, das sich im Ausland bewährt hat. Man ermittelt, wie viel Zeit ein Firmenmitarbeiter für die Erfüllung einer gesetzlichen Vorgabe aufwenden muss. Das wird dann mit dem Stundenlohn, der jährlichen Fallzahl und der Zahl der betroffenen Unternehmen multipliziert.

Und wie mindert der Staat am einfachsten die Bürokratielast?

Beim Steuerrecht ist zum Beispiel ein großer Hebel, Daten elektronisch zu erfassen und zu übermitteln. Die neue lebenslange Steuernummer und die sogenannte elektronische Lohnsteuerkarte sparen viel Geld. Generell kann der Staat Informationskosten senken, indem er Daten nur noch in größeren Zeitabständen anfordert. Oder indem er mehr Firmen von Pflichten befreit. Oder indem er dafür sorgt, dass die Unternehmensmitarbeiter für die Aufgaben nicht mehr so lange brauchen.

Die Ministerien müssen seit Dezember 2006 bei jeder Gesetzesvorlage genau ausrechnen, wie hoch die Bürokratiekosten sind. Der Normenkontrollrat prüft die Daten und ermittelt, ob es auch einfacher geht. Bringt das etwas?

Aber ja, das Procedere hat knapp 1,3 Milliarden Euro neue Bürokratiekosten verhindert. In den Ressorts hat zudem ein Umdenken eingesetzt. Die schreiben nicht mehr so leicht in die Vorlagen, dass Firmen bitte dies und das leisten sollen. Manchmal müssen wir ihnen noch einen Stupser geben, aber dafür, dass der Rat und das Prüfverfahren noch keine zwei Jahre existieren, ist einiges in Bewegung gekommen.

Gibt es keinen Widerstand?

Die Bürokratiekosten zu ermitteln, sehen manche in den Ministerien natürlich als lästig an: Man hat ja auch so schon genug zu tun. Zudem war das alles Neuland für die Beamten; die Ressorts haben unendlich viel lernen müssen. Inzwischen haben die Ministerien aber Spaß an der Herausforderung gefunden, bei den Kosten besser zu werden. Zumal das auch den Behörden hilft. Studien in Frankreich haben ergeben, dass 40 Prozent der Kosten, die Unternehmen aufgrund von Informationspflichten tragen, noch einmal in den Ämtern anfallen. Die müssen die Daten schließlich verarbeiten.

Die Unternehmen- und Erbschaftsteuerreform vergrößern die Bürokratie enorm. Warum hat der Normenkontrollrat das nicht verhindern können?

Wir geben der Regierung nur Empfehlungen. Bei diesen Reformen gab es viel politischen Streit, und die Ergebnisse sind Kompromisse. Geht es um große Konflikte, ist das Thema Bürokratiekosten leider noch ganz klein. Da sind andere Fragen für die Politiker viel wichtiger. Dabei sind Steuerlasten und Bürokratiekosten für Firmen genau das Gleiche: Beides sind Kosten, die erst einmal erwirtschaftet werden müssen.

Daniela Kuhr

Forschen und draufzahlen: Nachbessern bei den Abgaben

Es ist noch nicht allzu lang her, dass die Reform der Unternehmenssteuer in Kraft getreten ist (August 2008). Kapitalgesellschaften sind jetzt im Schnitt nur noch mit 29,83 Prozent belastet – davor waren es 38,65 Prozent. Das liegt hauptsächlich daran, dass der Satz für die Körperschaftsteuer von 25 Prozent auf 15 Prozent gesenkt wurde. »Das ist eine enorme Verbesserung«, sagt Ulrich Derlien, Steuerberater bei der Augsburger Kanzlei Sonntag & Partner. »Damit steht Deutschland, was die Steuersätze anbelangt, im Vergleich zum Ausland endlich nicht mehr ganz so schlecht da.« Doch niedrige Steuersätze allein seien nicht genug, um als Investitionsstandort im Wettbewerb mit den Nachbarstaaten mitzuhalten, meint der Fachmann.

Nach Ansicht zahlreicher Steuerexperten darf Bundesfinanzminister Peer Steinbrück sich jetzt keinesfalls ausruhen. »Eines der ganz drängenden Probleme sind die Kosten für Forschung und Entwicklung«, sagt Wolfgang Kessler, Professor für Betriebswirtschaftliche Steuerlehre an der Universität Freiburg. Das sieht auch Derlien so: »Dieser Bereich ist, steuerlich betrachtet, ein Drama – und zwar für Konzerne, Familienunternehmen und Start-ups.«

Die Kosten für Forschung und Entwicklung werden in Deutschland anders gefördert als im benachbarten Ausland

– nämlich vorrangig durch direkte staatliche Zuschüsse. Es fließt also Geld in ausgewählte Institutionen oder Projekte. Nach einer Studie des Instituts der deutschen Wirtschaft (IW) wendete der Staat 2004 insgesamt 17 Milliarden Euro für Forschung und Entwicklung auf. Davon kamen beinahe 15 Milliarden Euro Hochschulen und Forschungsinstituten zugute. Die Forschungstätigkeiten in der Wirtschaft förderte der Staat lediglich mit 2,3 Milliarden Euro. Davon wiederum floss nur etwa ein Fünftel an kleine und mittlere Unternehmen. Das sind nicht einmal drei Prozent der Gesamtsumme.

Die meisten der Länder, mit denen Deutschland im Wettbewerb steht, förderten dagegen die Kosten für Forschung und Entwicklung auch steuerlich, sagt Kessler und verweist auf Großbritannien, Frankreich, Irland, die USA, die Niederlande, Österreich, Spanien und Japan. So gebe es etwa in Frankreich, über den normalen Abzug als Betriebsausgaben hinaus, noch eine Steuergutschrift in Höhe von 30 Prozent der Forschungsaufwendungen. »Ein Investor ist sehr flexibel«, sagt Kessler. »Wenn ein Staat wie Frankreich, der über eine intakte Infrastruktur und ein verlässliches Rechtssystem verfügt, mit so einem wunderbaren Angebot kommt, dann könnte eine Steuervergünstigung ausschlaggebend für die Standortwahl sein.«

In Irland seien Lizenzeinkünfte und Gewinne aus bestimmten Patenten komplett von der Steuer befreit, so Kessler weiter, und zwar bis zu 5 Millionen Euro pro Jahr. »Und in den Niederlanden werden Erträge aus immateriellen Wirtschaftsgütern unter gewissen Voraussetzungen nur mit einem effektiven Steuersatz von 10 Prozent besteuert.« Mit dieser Art der Förderung signalisieren die Länder nach Ansicht des Fachmanns, dass Investoren aus aller Welt willkommen sind. »Deutschland hat diesen Trend bislang verschlafen, dabei sind steuerliche Anreize für Unternehmen ein ganz wesentliches Kriterium bei der Wahl des Standorts.«

In der Politik wird das Thema ernst genommen. »Der Bereich Forschung und Entwicklung ist ein zentraler Punkt, wenn es um die Zukunft, den Wohlstand, das Wachstum und die Prosperität in unserem Land geht«, sagte der Unionsfraktions-Vize Michael Meister im September 2008 auf dem Syndikus-Steuerberatertag in Berlin. Man müsse überlegen, ob es genüge, diese Aufwendungen mit Zuschüssen zu fördern, oder ob nicht auch eine steuerliche Förderung in Betracht komme. Das Problem sei eine klare Abgrenzung: »Wir brauchen einen Begriff, der nicht zur steuerlichen Gestaltung anregt«, sagte Meister. Der Politiker will sicherstellen, dass wirklich nur die volkswirtschaftlich erwünschten Kosten gefördert werden und die Unternehmen nicht tricksen.

»Jeder Staat muss ein großes Interesse daran haben, Forschung und Entwicklung ins Land zu holen«, meint Steuerwissenschaftler Kessler. »Das ist nicht nur die wichtigste Basis für Wirtschaftswachstum und Arbeitsplätze, sondern langfristig auch eine Garantie für Steuereinnahmen.« In mehreren Bundesministerien arbeiten Beamte derzeit an einem Modell zur steuerlichen Förderung von Kosten für Forschung und Entwicklung. Bis Ergebnisse vorliegen, wird es nach Angaben des Bundesforschungsministeriums noch eine Weile dauern. »Ich kann nur hoffen, dass die Vorschläge tiefgreifend genug sind«, sagt Kessler. Wenn sie nicht mit dem mithielten, was beispielsweise die Franzosen erreicht hätten, wäre der Effekt sehr gering. »Wir brauchen ein Alleinstellungsmerkmal, also Anreize, die kein anderer hat«, sagt der Professor. »Sonst hat Deutschland im internationalen Wettbewerb um Investitionen dauerhaft keine Chance.«

Doch statt Forschung und Entwicklung steuerlich zu fördern, hat der Gesetzgeber diesen Bereich nach Auffassung von Steuerexperten mit den jüngsten Reformen sogar benachteiligt. So bewirkt etwa die Mindestbesteuerung, dass Verluste eines Jahres nur eingeschränkt von Gewinnen künftiger Jahre abgezogen werden können. »Übersteigt der Verlustvortrag des Vorjahres den Gewinn eines Folgejahres um mehr als 1 Million Euro, ist der übersteigende Betrag nur noch zu 60 Prozent abzugsfähig. In Höhe von 40 Prozent kommt es also zu einer Scheingewinnbesteuerung«, so Derlien. »Dies trifft alle Unternehmen, auch familiengeführte.«

Gravierende Folgen habe zudem die neue Vorschrift zum Verlustabzug bei Körperschaften: Sie sieht vor, dass vorgetragene Verluste nur noch eingeschränkt oder gar nicht mehr angerechnet werden können, wenn mehr als ein Viertel oder mehr als die Hälfte der Anteile direkt oder indirekt auf einen neuen Erwerber übertragen werden. Wie sich das auswirken kann, erläutert Derlien am Beispiel eines Biotechnologieunternehmens. In dieser Branche könnten »locker mal sechs bis acht Jahre vergehen, bis überhaupt mit einem Produkt Geld verdient wird«. Aber nicht jedes Unternehmen habe die bis zur Markteinführung nötigen liquiden Mittel, sodass der Einstieg eines Investors, der an die Zukunft des Produkts glaubt, häufig die letzte Rettung sei. »Nach der Neuregelung gehen, trotz einer wirtschaftlich sinnvollen Investition ohne jeglichen Hintergrund der Steuervermeidung, regelmäßig die Verlustvorträge der Biotech-Firma teilweise oder ganz verloren«, führt Derlien aus. »Bringt das Unternehmen dann das fertige Produkt auf den Markt, muss es die Gewinne in voller Höhe versteuern, als hätte es nie Verluste gegeben und die Entwicklung überhaupt nichts gekostet.« Auch Wolfgang Kessler hält das für schädlich: Gerade im Fall von jungen innovativen Unternehmen sei es doch wünschenswert, dass Investoren durch ihren Einstieg eine Pleite verhinderten, meint er.

Als weiteren Nachteil sehen die Experten die neuen Vorschriften zur Funktionsverlagerung. Eigentlich wollte der Gesetzgeber damit dem Trend entgegenwirken, ganze Bereiche auszugliedern und ins Ausland zu verlagern. Doch wie die Vorschrift jetzt gefasst ist, stößt sie auf europarechtliche Bedenken. Kessler stellt daher fest: »All diese durch die Steuerreform eingeführten Neuerungen sind nicht gerade geeignet, um Investoren aus dem Ausland anzulocken.« Und noch ein anderer Aspekt spielt eine wichtige Rolle, wenn sich ein Unternehmen für einen Standort entscheiden muss: die Planungssicherheit. Kann sich das Management darauf verlassen, dass die Gesetze, so wie sie derzeit gelten, zumindest eine Zeit lang stabil in der Zukunft fortbestehen? »Bei der Schweiz oder den Niederlanden beispielsweise sehen Unternehmen, dass diese Länder seit Jahren eine verlässliche und investorenfreundliche Steuerpolitik machen«, meint Kessler. »Auch in Österreich versucht man, Hürden aus dem Weg zu räumen.« In Deutschland dagegen würden stattdessen immer wieder überraschend neue Schwierigkeiten geschaffen.

»Mir ist klar, dass es in der heutigen politischen Situation nicht allenthalben populär ist, wenn Unternehmen mit Milliarden entlastet werden«, sagt Kessler. Doch da müsse ein Umdenken stattfinden. »In den Niederlanden beispielsweise orientiert sich die Politik an dem Gedanken: Was gut für die Wirtschaft ist, ist gut für das Land.« Auch Derlien stellt fest: »In Deutschland werden sinnvolle Erwägungen häufig durch eine Neiddiskussion von vornherein abgewürgt.«

Sibylle Haas

Chefs mit Bindungsangst: Arbeitnehmerschutz als Knebel

Mit dem Kündigungsschutzgesetz will Michael Dopfer nichts zu tun haben. Es ist ihm zu starr und kann aus seiner Sicht einen kleinen Betrieb »ganz schön belasten, weil man bei Entlassungen hohe Abfindungen zahlen muss«. Der 42-Jährige ist gelernter Gürtler und Metalldrücker mit Meisterprüfung, er führt einen Metallbaubetrieb mitten in München. Die Firma Josef Dopfer, benannt nach seinem Großvater, dem Unternehmensgründer, ist ein Kleinbetrieb im Stadtteil Haidhausen. In seiner Schlosserei beschäftigt Michael Dopfer momentan elf Mitarbeiter. Für sie gibt es keinen Kündigungsschutz – obwohl dieser laut Gesetz eigentlich schon für Betriebe mit mehr als fünf Arbeitnehmern gilt.

Das Gesetz zählt Teilzeitkräfte nämlich nur anteilig und Auszubildende überhaupt nicht. Bei Dopfer berechnet sich das so: Er beschäftigt zwei Teilzeitkräfte für jeweils höchstens 20 Stunden in der Woche. Sie werden mit einem Anteil von je 0,5 berücksichtigt; so steht es in Paragraph 23 des Kündigungsschutzgesetzes. Die drei Auszubildenden werden gar nicht gezählt. Also vier Gesellen, zwei Meister, zwei halbe Kräfte – macht in der Dopferschen Schlosserei zusammen sieben Beschäftigte. Damit müsste ja nun eigentlich das Kündigungsschutzgesetz gelten, weil Dopfer mehr als fünf Leute hat. Doch seit vier Jahren gilt eine weitere Regel: In Betrieben bis zu zehn Mitarbeitern werden Arbeitnehmer nicht mitgezählt, wenn ihr Vertrag 2004 oder später begonnen hat. Und weil Dopfer vor 2004 weniger als fünf Mitarbeiter hatte, gilt für ihn nach dieser etwas komplizierten Zählweise das Kündigungsschutzgesetz nicht.

Wenn Dopfer entlassen müsste, dann könnte er das also tun, ohne die Gründe dafür zu nennen. Maßgeblich wären lediglich die gesetzlichen Kündigungsfristen, wie sie in Paragraph 622 des Bürgerlichen Gesetzbuches stehen. Unterläge Dopfer hingegen dem Kündigungsschutzgesetz, dann wären Entlassungen schwieriger: Er müsste einen sozial gerechtfertigten Grund vorbringen. Dieser muss in der Person des Arbeitnehmers liegen (etwa Verlust der Arbeitsfähigkeit) oder in seinem Verhalten (zum Beispiel dauernde Unpünktlichkeit) oder aber durch dringende betriebliche Erfordernisse (wie Auftragsmangel) begründet sein.

Auch das Nürnberger Modehaus Wöhrl ist ein Familienunternehmen, aber mit der Schlosserei Dopfer überhaupt nicht zu vergleichen. Wöhrl beschäftigt 2.800 Leute – da gibt es keinen Ausweg aus dem Kündigungsschutzgesetz. Doch bei Wöhrl ist man darüber nicht besorgt. »Ein Unternehmen in unserer Größenordnung muss in der Lage sein, mit dem deutschen Arbeitsrecht klarzukommen«, sagt Robert Rösch, Personalvorstand der Rudolf Wöhrl AG. Probleme mit dem Kündigungsschutzgesetz gebe es kaum, so Rösch. Das Gesetz schütze die Beschäftigten gegen

Anheuern und Feuern, und das sei in Ordnung so. »Wenn man sich den Mitarbeiter genau anschaut, bevor man ihn einstellt, und prüft, ob er ins Team passt, ist die Gefahr gering, dass man sich schnell wieder von ihm trennen muss«, betont Rösch.

Bei einem kleinen Betrieb wie dem von Michael Dopfer kann ein Fehlgriff rasch das ganze Team belasten. Dopfer ist deshalb sehr vorsichtig. »In den letzten vier Jahren habe ich nur befristete Arbeitsverträge abgeschlossen, damit meine Schlosserei nicht dem Kündigungsschutz unterliegt«, erklärt er. Nach dem Teilzeit- und Befristungsgesetz darf ein Arbeitsvertrag auf höchstens zwei Jahre befristet und innerhalb dieser Zeit nur dreimal verlängert werden. Dopfer allerdings darf einen Arbeitsvertrag innerhalb von fünf Jahren beliebig oft verlängern. Das liegt daran, dass sein Unternehmen dem Tarifvertrag des Fachverbands Metall Bayern und der Christlichen Gewerkschaft Metall unterliegt – Tarifverträge dürfen von der gesetzlichen Befristungsregelung abweichen. Das Modeunternehmen Wöhrl schließt ebenfalls befristete Arbeitsverträge ab, allerdings meist nur für ein Jahr und als Probezeit. »Danach muss man wissen, ob jemand passt oder nicht«, sagt Rösch.

Michael Dopfer findet, dass das Kündigungsschutzgesetz »erst ab 15 oder 20 Mitarbeitern gelten sollte, weil Kleinbetriebe sonst kaum wachsen können«. Dann hätte er auch weniger Scheu, jemanden fest einzustellen. Immerhin gehe es bei Kleinbetrieben nicht ums Anheuern und Feuern: »Wenn wir entlassen, dann bleibt uns nichts anderes übrig. Dann geht es uns wirtschaftlich richtig schlecht«, sagt Dopfer.

Kleine Betriebe würden familiär geführt, mit einer engen Bindung zwischen dem Chef und seinen Mitarbeitern. Deshalb findet Dopfer auch das Betriebsverfassungsgesetz in manchen Teilen realitätsfern. Danach können in Betrieben mit mindestens fünf ständigen Arbeitnehmern Betriebsräte gewählt werden. »Das finde ich wirklich übertrieben«, sagt Dopfer dazu. »Wenn wir ein Problem haben, dann klären wir das im direkten Gespräch. Dazu brauchen wir doch keinen Betriebsrat.« Dopfer weiß allerdings, dass er nichts tun könnte, wenn seine Leute ein solches Gremium wählen wollten. Wöhrl dagegen ist so groß, dass Betriebsräte nicht ungewöhnlich sind: Immerhin arbeiten in manchen Niederlassungen gut 250 Menschen. In 14 von 38 Modehäusern gibt es laut Rösch daher einen Betriebsrat. »Wir diskutieren manche Entscheidungen kontrovers«, erklärt Rösch. Zugleich sei die Zusammenarbeit mit den Betriebsräten kooperativ. Die Mitglieder des Betriebsrats sollten sich wirtschaftlich verantwortlich für die Firma fühlen, »denn sie arbeiten ja oft direkt im Verkauf und wissen, was die Kunden wünschen«, betont der Personalchef.

»Absolut in Ordnung« findet Michael Dopfer die Vorschriften zum Arbeitsschutz. Dazu gehören regelmäßige Hörtests seiner Mitarbeiter ebenso wie Gesundheitsuntersuchungen durch einen Arbeitsmediziner. »Das ist okay, denn wir wollen, dass unsere Leute gesund bleiben«, sagt der Firmenchef. Immerhin kann es für die Schlosserei richtig teuer werden, wenn jemand für längere Zeit krank ist. Dann muss Dopfer nicht nur den Lohn weiterzahlen, sondern eventuell auch für Ersatz sorgen. Bei einem Kleinbetrieb merke man eben sofort, wenn ein Mitarbeiter fehle.

Eines haben das kleine und das große Familienunternehmen gemeinsam: Beide kritisieren vor allem die deutsche Bürokratie. »Wir neigen zu einer endlosen Flut von Formularen«, bemängelt Rösch. Das sei etwa der Fall, wenn jemand in Elternzeit gehe. Bei einem Frauenanteil von rund 80 Prozent bei Wöhrl sei die Personalabteilung allein damit gut beschäftigt. Und Dopfer erklärt: »Am meisten stört mich die Fülle an Vorschriften und Maßnahmen. Das kann man als Kleinbetrieb fast gar nicht mehr überblicken.« Er selbst macht sich durch die Metall-Innung schlau, in deren Vorstand er schon seit vielen Jahren mitarbeitet. Selbstverständlich sei es für ihn, dass sein Betrieb den Tarifvertrag anwende. »Der Tarifvertrag gibt Rechtssicherheit für unsere Leute und für uns«, sagt er.

Wöhrl dagegen sieht sich durch den Tarifvertrag zu sehr festgelegt. »Wir könnten die diesjährige Lohnerhöhung wirtschaftlich nicht verkraften«, sagt Personalchef Rösch. Die bayerischen Arbeitgeberverbände und die Gewerkschaft Verdi haben sich auf ein Lohnplus von 3 Prozent und eine Einmalzahlung geeinigt. »Wir verhandeln die Gehälter mit unserem Betriebsrat«, sagt Rösch. Bei Wöhrl spiele die leistungsbezogene Bezahlung eine große Rolle. Das Verkaufspersonal erhalte eine Umsatzprovision.

In einem Punkt weicht Michael Dopfer von seinem Tarifvertrag ab: beim Gehalt. »Ich zahle meinen Mitarbeitern mehr, als im Tarifvertrag steht. Für das Tarifgehalt bekomme ich nicht die Leute, die ich gern beschäftige«, erklärt er.

Cerstin Gammelin

Große Versprechen für kleine Betriebe

Ende Juni 2008 hat die Europäische Kommission den »Small Business Act« vorgelegt: ein ganzes Bündel von Vorschlägen, um kleinen und mittleren Unternehmen in Europa zu noch mehr Prosperität zu verhelfen. Für sie werde »der rote Teppich ausgerollt«, kündigte Kommissionspräsident José Manuel Durão Barroso an. Die Maßnahmen des Small Business Act sollten den 23 Millionen kleinen und mittleren Unternehmen in der Europäischen Union helfen, sich ungehindert zu entfalten und »erfolgreich in die Weltmärkte einzusteigen«, wenn sie das möchten. Das Wohlwollen der Kommission kommt nicht von ungefähr – schließlich entfallen die meisten Arbeitsplätze in der EU auf Betriebe, die weniger als 250 Mitarbeiter beschäftigen.

Was die Kommission schließlich vorlegte, war allerdings kein so großer Wurf wie angekündigt. Der von Industriekommissar Günter Verheugen (SPD) verantwortete Teil besteht weitgehend aus Ankündigungen. Entsprechend enttäuscht zeigten sich Interessenvertreter von Handwerk und Betrieben, sogar das Wort »Etikettenschwindel« machte die Runde. Die Unternehmer waren nach eigenen Angaben davon ausgegangen, Verheugen werde vorschlagen, kleine und mittlere Unternehmen »rechtsverbindlich« besser zu stellen. Stattdessen versprach der Kommissar lediglich, der

Small Business Act solle »politisch verbindlich« werden: Die Staats- und Regierungschefs der EU sollten die Vorschläge auf ihrem Gipfel im Dezember 2008 entsprechend etikettieren und in politische Maßnahmen auf europäischer und einzelstaatlicher Ebene münden lassen, erklärte Verheugen.

Im Einzelnen will die Kommission erreichen, dass sich Verwaltungsbehörden stärker den Bedürfnissen von Kleinunternehmen anpassen und Zahlungen ohne Verzögerungen leisten. »Ehrlichen Unternehmern« soll nach einem Konkurs rasch eine zweite Chance gewährt werden. Betriebe, die in Bildung oder Innovationen investieren, sollen unbürokratisch Kredite erhalten. Und: Lokale Dienstleistungen sollen mit einem ermäßigten Umsatzsteuersatz belegt und kleinere Betriebe bei der Vergabe öffentlicher Aufträge bessergestellt werden. Ob all das gelingt, ist allerdings offen. Einem geänderten Umsatzsteuersatz etwa müssten alle EU-Mitgliedsstaaten zustimmen. Ausgerechnet der deutsche Finanzminister Peer Steinbrück (SPD) hat sich bereits dagegen ausgesprochen.

Neue Unternehmensform

Für das Jahr 2009 kündigte die Kommission zudem an, die Zahlungsverzögerungs-Richtlinie zu ändern. Mit einem neuen Vorschlag solle erreicht werden, dass Lieferanten und Dienstleister innerhalb einer Zahlungsfrist von 30 Tagen das Geld vom Auftraggeber erhalten.

Festschreiben will Brüssel auch, wie viel Zeit es kosten darf, ein neues Unternehmen zu gründen. Bisher ist eine Woche dafür vorgesehen. Auf Unternehmenslizenzen und -zulassungen sollen Unternehmer maximal einen Monat warten müssen. Die Kommission will, dass zentrale Anlaufstellen eingerichtet werden, deren Mitarbeiter dabei helfen, neue Firmen zu gründen und Personal einzustellen.

Der Small Business Act zielt auch darauf ab, unternehmerisches Denken vor allem bei jungen Menschen zu fördern und Freude am selbstständigen Arbeiten zu wecken. Sie erhalten die Möglichkeit, sich am gerade angelaufenen Programm »Erasmus: Junge Unternehmer« zu beteiligen und damit erste Erfahrungen zu sammeln. Ähnliche Programme sind auch für Auszubildende geplant.

Was indes verbindlich werden soll, ist der von Binnenmarktkommissar Charlie McCreevy verantwortete Gesetzentwurf zur »Europäischen Privatgesellschaft« SPE (Societas Privata Europaea). Das ist eine neue, europaweit einheitliche Unternehmensform. Bislang müssen grenzüberschreitend tätige Firmen in jedem Staat, in dem sie tätig werden, eigene Töchter in der jeweils gültigen Rechtsform gründen. Wenn künftig EU-weit nach denselben Vorschriften dieselbe Rechtsform verwendet werden kann, spart das den Unternehmen viel Zeit und Geld für juristische Beratung und Verwaltung. Eine Europäische Privatgesellschaft soll mit nur einem Euro Startkapital gegründet werden können. Die neue Rechtsform, welche die EU einstimmig verabschieden muss, werde den Unternehmen als Option angeboten, kündigte die Kommission an. Die bestehenden nationalen Rechtsformen wie die GmbH oder die britische Ltd. bleiben parallel erhalten.

Stefan Weber

Kehraus auf deutschen Dächern: Brüssel greift ein

Die kleine Lampe an der Decke hat nicht die Kraft, den Raum zu erhellen. Vor allem in den Ecken des schmalen Kellerraums, in dem die Heizungsanlage des schmucken Einfamilienhauses ihren Dienst tut, ist es duster. Tobias Willems zückt eine Taschenlampe und leuchtet auf das armdicke Rauchrohr, das vom orangefarbenen Heizungskessel in die Außenwand des Hauses ragt. »Durchgerostet. Das kann gefährlich werden«, sagt Willems und zeigt auf zwei eurostückgroße Löcher. Solche Mängel zu entdecken, gehört zu seinem Job. Er ist Schornsteinfeger in Meerbusch, einem kleinen Ort im Regierungsbezirk Düsseldorf.

Zu kehren hat der schwarz gekleidete Mann an diesem Morgen wenig. Aus der kleinen Luke im Kamin kratzt er nur eine Handvoll Dreck. Dann nimmt er ein Messgerät in die Hand und überprüft die Abgaswerte der Anlage: »Alles in Ordnung«, stellt er nach wenigen Minuten fest, reicht dem Hausherrn den kleinen Finger seiner rußgeschwärzten Hand und verabschiedet sich.

Der Eigenheimbesitzer wird ein paar Tage später Post erhalten: Willems' Chef, Bezirksschornsteinfegermeister Thomas Schulz, schickt eine Rechnung über etwa 57 Euro, verbunden mit dem Hinweis, das defekte Rauchrohr möglichst bald von einem Fachmann auswechseln zu lassen.

Dann wird der Schornsteinfeger erneut vorbeikommen und prüfen, ob die Reparatur fachgerecht ausgeführt wurde – und wiederum eine Gebühr berechnen. Wenn sonst nichts passiert, steht Willems in etwa einem Jahr wieder vor der Tür, wenn die nächste vom Gesetzgeber vorgeschriebene Schornsteinreinigung oder Abgaswege-Überprüfung ansteht.

Es sind Abläufe wie dieser, die viele Hauseigentümer ärgern. Angesichts des allgemein hohen technischen Standards der heutigen Feuerungsanlagen sei eine Überwachung alle fünf Jahre vollkommen ausreichend, urteilt Haus & Grund, der Zentralverband der Deutschen Haus-, Wohnungs- und Grundstückseigentümer. Zudem seien die Gebühren, die die Schornsteinfeger in Rechnung stellten, »kaum nachvollziehbar«. Der Bund der Energieverbraucher spricht von »zu teuren und oft unsinnigen Messungen«. Noch deutlichere Worte finden andere Branchenkritiker: Die Privilegien der Schornsteinfeger glichen einer »Lizenz zum Gelddrucken«, schimpft die Interessengemeinschaft Schornsteinfeger-ade. Und auf Internetseiten wie schornsteinfegerfrei.de lassen Bürger ihrem Ärger über die ihrer Meinung nach »überteuerten und häufig überflüssigen Arbeiten« freien Lauf.

Tatsächlich leben die bundesweit etwa 20.000 Kaminkehrer in einem Biotop – eine Folge des 1935 von den Nationalsozialisten eingeführten und bis heute bestehenden »Kehrmonopols«. Das Gesetz über das Schornsteinfegerwesen teilt Deutschland in etwa 7.800 Kehrbezirke ein. Die Ausgestaltung des Gesetzes ist Sache der Länder, die für jeden Abschnitt einen Bezirksschornsteinfeger einsetzen. Dieser überprüft in regelmäßigen Abständen, ob die Feuerstellen genügend Luft bekommen und wie viel Abgase die Heizung verursacht. Das sei im Interesse der Betriebs- und Brandsicherheit von Feuerstätten unverzichtbar, urteilt der Branchenverband. Auch diene die Arbeit der Damen und Herren in Schwarz dem Umweltschutz und der Energieeinsparung. Dem widersprechen auch die Kritiker nicht. Nur wünschen sie sich mehr Wettbewerb auf dem Dach und in den Heizungskellern. Sie würden sich gern aussuchen, wer bei ihnen kehrt und misst – und wann er dies tut.

Nicht nur die exklusiven Kontrollbefugnisse der Schornsteinfeger sind Monopolgegnern ein Dorn im Auge. Sie stört auch die Unkündbarkeit der Branche: Nach Lehre, Gesellenzeit und Meisterausbildung bekommen Schornsteinfeger ihren Kehrbezirk nach 12 bis 15 Jahren Wartezeit bis zum Rentenalter zugeteilt. Thomas Schulz hat 16 Jahre warten müssen. Jetzt ist er 41, beschäftigt einen Gesellen und einen Lehrling. Das Auftragsgebiet ist so zugeschnitten, dass es ihm ein Einkommen in Höhe einer Beamtenbesoldung der Stufe A9 garantiert. Das entspricht je nach Wohnort rund 3.000 Euro im Monat. Größere Überraschungen muss Schulz in den nächsten 25 Jahren seines Berufslebens nicht fürchten. Dachte er jedenfalls bis vor Kurzem.

Doch seit der Bundestag auf Drängen der EU im Juni eine Änderung des Schornsteinfegergesetzes beschlossen hat, wird sich für den Berufsstand einiges ändern. Nach einer Übergangszeit von fünf Jahren dürfen Kunden ihren Kaminkehrer ab Januar 2013 frei wählen. Sie können sich dann für einen Anbieter aus der Nachbarschaft entscheiden oder gar einen Dienstleister aus dem Ausland beauftragen. Dass preiswerte Schornsteinfeger aus Osteuropa ihren deutschen Kollegen bald kräftig Konkurrenz machen, ist nicht zu erwarten, denn die Anforderungen an die Qualifikation der Dienstleister sind nach wie vor hoch. Zudem dürften nicht übermäßig viele Haus- und Wohnungsbesitzer von der neuen Freiheit Gebrauch machen – da sind sich Fachleute einig. Schulz schätzt, dass ihm allenfalls jeder fünfte Kunde verlorengehen wird. Vor allem Haus- und Wohnungsbesitzer, die sich durch Beanstandungen ihres Schornsteinfegers gegängelt fühlten, könnten zu einem Fachmann wechseln, der ihnen vermeintlich eher wohlgesinnt ist. Im Interesse der Sicherheit der Anlagen sei das aber bedenklich, meint Schulz.

So ganz wird er den Zugriff auf seine angestammte Klientel jedoch nicht verlieren. Denn wer auch immer in seinem Kehrbezirk in Zukunft Leistungen erbringt, er muss Schulz Bericht erstatten. Und die Kontrolle der Anlagen bleibt ohnehin sein Privileg: Auch künftig nimmt er sie alle dreieinhalb Jahre persönlich in Augenschein. Schulz ist überzeugt, dass er künftig noch mehr am Schreibtisch sitzen wird, um die Arbeiten zu protokollieren, die seine Kollegen im Kehrbezirk durchführen. Zudem muss er prüfen, ob die Anwohner die vorgeschriebenen Kehrarbeiten und Kontrollen tatsächlich durchführen haben lassen.

Trotzdem: Weniger Kunden bedeuten weniger Einnahmen. Da wird sich der 41-Jährige umstellen müssen. Er will sich zum Energieberater schulen lassen – eine als zukunftsträchtig geltende Nebentätigkeit, die den Kaminkehrern schon bald ebenso erlaubt sein wird, wie der Bau von Schornsteinen und das Warten von Heizungskesseln. Dagegen wiederum läuft das Sanitär-, Heizungs- und Klimahandwerk Sturm. »Der Einstieg in das Wartungsgeschäft gefährdet in unserem Handwerk 10.000 qualifizierte Arbeitsplätze«, meint Michael von Bock und Polach, Hauptgeschäftsführer des Verbands. Wenn künftig mehr Wettbewerb auf dem Dach und in den Heizungskellern herrscht, könnte dies die Preise in Bewegung bringen. So zumindest die Theorie. »Es wird aber eher teurer«, meint der Bund der Energieverbraucher. Denn wenn der Kunde künftig einen nicht ortsansässigen Fachmann beauftrage, werde dieser – anders als der Schornsteinfeger heute – Kosten für An- und Abfahrt in Rechnung stellen.

In den Niederlanden beispielsweise, wo es kein Kehrmonopol gibt, würden die Vertreter der schwarzen Zunft im Durchschnitt 120 Euro in Rechnung stellen, sagt Schornsteinfeger-Geselle Willems, der gleich an der Landesgrenze wohnt. Ihm ist ein wenig bange vor der Zukunft. Die Meisterprüfung will er wegen »fehlender Perspektive« nicht machen. Und wenn er seinen Beruf noch einmal wählen könnte, würde er sich heute anders entscheiden.

Dagmar Deckstein

Mein Schloss, mein Flugplatz, mein Museum: Wie eine Firma die Region prägt

Da liegt es, das Anwesen, picobello restauriert und prächtig in der gleißenden Juli-Sonne, der Rasen kurz getrimmt. Ein Steg führt zum Badesee, aus dessen Mitte eine Wasserfontäne in den Hohenloher Himmel schießt. Kameras überwachen die Hofeinfahrt. Der Schlossherr legt Wert auf Sicherheit, auch weil er derzeit nicht zu Hause ist, sondern bei den Festspielen in Bayreuth weilt. Da muss sich ein Kunstmäzen wie er einfach sehen lassen. Der Schlossherr heißt Reinhold Würth, ist 73 Jahre alt und darf als die Inkarnation des baden-württembergischen Erfolgsunternehmers betrachtet werden. Dazu findet er sich laut *Forbes*-Liste beständig auf einem der Mittelplätze unter den zehn reichsten Deutschen. Aber ohne den Reichtum des »Schrauben-Würth«, wie er nicht nur in seiner Heimatregion im Nordosten des Ländles betitelt wird, würden von Schloss Hermersberg wahrscheinlich nur noch ein paar Trümmer aus der Wald- und Wiesenlandschaft ragen. Als Würth Anfang der siebziger Jahre hörte, dass die Hohenlohe-Öhringsche Verwaltung das dringend restaurierungsbedürftige Jagdschloss verkaufen wolle, erwarben er und seine Frau Carmen das 1540 erbaute Schloss nebst fast 4 Hektar Land, steckten Millionen in die Renovierung und bezogen schließlich das neue Domizil am 30. April 1974.

Wie König Drosselbart

Das gleiche günstige Schicksal wie Schloss Hermersberg wurde, dank Würthscher Großzügigkeit, noch zahlreichen anderen historischen Gebäuden und Einrichtungen im Hohenloher Land zuteil, mit deren Erhalt die öffentliche Hand überfordert gewesen wäre. »Unsere ganze Region sähe anders aus ohne das Weltunternehmen Würth«, sagt Volker Lenz, Bürgermeister von Künzelsau: »Reinhold Würth ist ein Glücksfall für die Stadt Künzelsau.« Kein Wunder, bestreitet Würth doch zwei Drittel der Gewerbesteuereinkünfte der Kreisstadt von insgesamt 80 Millionen Euro in diesem Jahr. Allerdings äußerte sich Lenz nur schriftlich auf Fragen. Der Mann ist viel beschäftigt. Für ein Interview fand er seit Februar keine Zeit – »aus Termingründen«, wie es heißt. Sein Amtskollege Hermann-Josef Pelgrim aus der 20 Kilometer entfernten Stadt Schwäbisch Hall dagegen schon: »Die Würth-Gruppe und der Unternehmer Reinhold Würth haben durchaus eine Leuchtturmwirkung auf die gesamte Region«, sekundiert er.

So gemahnt die Weiterreise vom Patriarchen-Wohnsitz Hermersberg ins Umland nicht von ungefähr an das Märchen der Gebrüder Grimm vom König Drosselbart, den die hochnäsige Tochter des Königs wie alle anderen Freier kategorisch ablehnte. Sein Bart gefiel ihr nicht. Am Ende musste sie einen Bettler ehelichen. Als sie mit diesem durchs Land zog, fragte sie, wem der schöne Wald hier gehöre, die schöne Wiese dort und diese große Stadt, und sie erhielt jedes Mal die Antwort: »Dem König Drosselbart.« In Künzelsau und Umgebung gibt Reinhold Würth den Märchenkönig.

Zwölf Kilometer vom Schloss der Würths entfernt ist der Leuchtturm der Region weithin über den Maisfeldern und Spalierobstwiesen sichtbar. Die riesigen Hallengebäude der Adolf Würth GmbH & Co. KG, 15 an der Zahl, thronen auf einem Hügel im Ortsteil Gaisbach über Künzelsau. Nicht wenige der 15.000 Einwohner arbeiten für den Konzern. Als das futuristisch anmutende Verwaltungsgebäude mit dem integrierten Kunstmuseum 1992 eingeweiht wurde, rieb sich der Redakteur der Hohenloher Zeitung die Augen: »Über dem Hohenloher Land ist etwas vom Himmel gefallen. Ein Ufo? Da! Eine Gestalt. Captain Spock, oder gar E. T.?« Nein, es war Würth. Zumindest beeindruckt der Anblick der Firmenzentrale in einer über lange Jahre strukturschwachen und agrarisch geprägten Region wie Hohenlohe.

Wenn alle gewinnen

Die Wurzeln des Firmenimperiums liegen am Bahnhof in Künzelsau, wo Adolf Würth 1945 eine Großhandelsfirma für Schrauben und Muttern eröffnete. 1954 starb er mit nur 45 Jahren. Sohn Reinhold, damals gerade 19, und Mutter Alma übernahmen das Geschäft. Aus dem Betrieb mit zwei Mitarbeitern und 80.000 Mark Jahresumsatz entstand in 54 Jahren der weltumspannende »Spezialist für Befestigungstechnik« mit 65.000 Beschäftigten in 86 Ländern, davon 4.000 in der Region, und zuletzt einem Jahresumsatz von 8,5 Milliarden Euro.

Dem profanen, wiewohl unablässig wachsenden Geschäft mit dem Direktvertrieb von mittlerweile 100.000 Produkten rund ums Thema Montage und Befestigung versucht Würth mit seinem großzügigen Mäzenatentum Glanz zu verleihen. Das beginnt mit der privaten Kunstsammlung des kulturbeflissenen Autodidakten, die mittlerweile mehr als 11.000 Werke umfasst und die er bereitwillig mit der Öffentlichkeit teilt. So hat sich die 2001 in Schwäbisch Halls malerischer Altstadt eröffnete Kunsthalle Würth zum Publikumsmagneten entwickelt. Der dreigeschossige Bau, gestaltet vom prominenten dänischen Architekten Henning Larsen, kommt auch Oberbürgermeister Pelgrim so recht zupass: »Die Kunsthalle ist auch für die Stadt Schwäbisch Hall ein einmaliges Marketinginstrument.«

Den nächsten Coup mit Würth hat Pelgrim schon gelandet: Als der OB vor wenigen Jahren hörte, dass der Unternehmer auch die altmeisterliche Bildersammlung der Fürsten zu Fürstenberg gekauft hatte, diente er dem Mäzen die Johanniterhalle der Stadt für die alten Meister an. Im Herbst eröffnet die zweite Würthsche Kunsthalle im Kocherstädtchen die Pforten. Der Name Würth hat mittlerweile Klang in der Welt der Kunst. »Wer sonst hier würde es schaffen, große Künstler wie Anselm Kiefer, die Verpackungskünstler Christo und Jeanne-Claude oder den namhaften Bildhauer Anthony Caro in die Provinz zu locken?« »Nein, nein«, meint Bürgermeister Pelgrim, »das ist schon eine tolle Win-Win-Situation für alle Beteiligten«.

Würths Reich reicht noch weiter. Von der Freitreppe der Kirche St. Michael sind es nur wenige Kilometer hinaus in den Vorort Hessental. Dort leuchtet einem das rote Firmenemblem in Wappenform schon von Weitem entgegen, und die schwarzen Großbuchstaben lassen niemanden darüber im Unklaren, wem dieser Flugplatz gehört: »Adolf Würth Airport.« Gleich neben dem Abfertigungsgebäude parkt eine dreistrahlige Falcon 900EX mit dem Kennzeichen VP-CLB, zugelassen also auf den Cayman Islands. Nanu, hat Würth ausgeflaggt? Nein, die VP-CLB gehört zur Volkswagen-Flotte, die sich direkt vor der Nase des Luftfahrtbundesamts in Braunschweig auf die versicherungs- und flugbetriebsfreundlicheren Caymans verabschiedet hat. Die 900EX aus dem Würth-Flugpark indes ist die deutsch zugelassene D-AWKG. Damit Hessental nach den veränderten europäischen Richtlinien weiterhin für den gewerblichen Geschäftsverkehr genutzt werden konnte, bedurfte es größerer Umbauten, unter anderem einer Drehung und Verlängerung der Landebahn. Da die Stadt Schwäbisch Hall damit überfordert war, kaufte 2003 kurzerhand die Würth Grundstücks GmbH das 79 Hektar große Grundstück und investierte 17,5 Millionen Euro in den Ausbau. Ehrensache für Würth, der seit 1966 den Berufspilotenschein besitzt und neben seinen sechs angestellten Piloten die Flugzeuge seiner Flotte auch selbst fliegt.

Zurück nach Künzelsau. Würth hat an vielen Orten Marken gesetzt. Nahe dem Firmensitz in Gaisbach entsteht gerade der Neubau der 2006 gegründeten Freien Schule Anne-Sophie, für die sich Reinhold Würths Tochter Bettina starkgemacht hat, die heutige Beiratsvorsitzende der Würth-Gruppe. Die private Ganztagsschule mit reformpädagogischem Ansatz soll das Bildungsangebot der Region ergänzen. Früh hatte Würth erkannt, dass der wirtschaftliche Erfolg der strukturschwachen Region Hohenlohe mit dem Bildungsangebot steht und fällt. So gründete die Stiftung Würth schon 1988 in Künzelsau einen Ableger der Fachhochschule Heilbronn mit den Studiengängen Betriebswirtschaft, Gebäudesystemtechnik, Elektrotechnik und Wirtschaftsingenieurwesen. Im Jahr 2000 kam eine Stiftungsprofessur für Sportmanagement dazu. Der internen Mitarbeiterqualifikation und Förderung des Managementnachwuchses dient konzernweit die Akademie Würth am Firmensitz in Gaisbach.

Nicht nur um Kunst, Kultur und Bildung wäre es im Hohenlohischen ohne Würths Engagement wohl schlechter bestellt. Es gäbe ohne ihn wahrscheinlich auch nicht die zwei Restaurants, die es in den *Guide Michelin* geschafft haben. Würth kaufte 2005 dem Fürsten zu Hohenlohe-Öhringen das fürstliche Anwesen samt Park und Golfplatz-Anteil ab – für einen zweistelligen, nicht näher bezeichneten Millionenbetrag. Das Wald- und Schlosshotel Friedrichsruhe bei Öhringen zählt zu den deutschen Spitzenhotels. Zehn Jahre zuvor hatte Würth im Örtchen Mulfingen-Ailringen das baufällige Fachwerkhaus des Deutschherren-Amtshauses entdeckt, es kurzerhand gekauft und renoviert. Heute beherbergt es ein Hotel nebst Spitzenrestaurant. In Schwäbisch Hall, gleich neben der Kunsthalle, eröffnete 2004 das »Sudhaus«, nachdem Würth den heruntergekommenen Industriebacksteinbau gekauft und in ein gastronomisches Event-Projekt umgerüstet hatte. In Künzelsau bedienen derweil Behinderte zusammen mit Nichtbehinderten im schmucken Anne-Sophie-Restaurant die Gäste auf der Terrasse. Gleich um die Ecke in der

Scharfengasse wurde noch der sogenannte Würzburger Bau aus dem Jahre 1710 dazugekauft und zum Hotel ausgebaut. Anne-Sophie hieß übrigens eines der sechs Würth-Enkelkinder. Sie kam im Alter von neun Jahren bei einem Unfall ums Leben. Das Behinderten-Projekt hatte sich Würths Ehefrau Carmen zur Herzensangelegenheit gemacht. Natürlich bekam auch Künzelsau sein Kunstmuseum von Würth spendiert, die umgebaute Hirschwirtscheuer.

Steuersünden

Vor dem Nachbargebäude in der Scharfengasse 10 steht in goldener Schrift auf einem Holzschild eingraviert: »Bet und arbeit / Sei nicht faul / Bezahl Deine Steuer / Und halt's Maul.« Ach ja, die Steuern. Zwei Jahre lang ermittelten die Behörden gegen Würth wegen Steuerverkürzung, also nicht korrekt verbuchter Kosten zwischen den Konzerngesellschaften. Das Verfahren wurde dann im Mai eingestellt, nachdem Würth sich mit einer Strafzahlung von 700 Tagessätzen einverstanden erklärte. Seither gilt er als vorbestraft. »Ich bin ein Gauner, Ganove, Krimineller«, beginnt Würth seinen Vortrag Anfang Juli im Stuttgarter Literaturhaus. Es geht an diesem Abend um die gesellschaftliche Verantwortung des Unternehmers, und Würth schiebt hinterher, es sei absurd, ihm Steuerhinterziehung zu unterstellen, es seien Abgaben lediglich ans falsche Finanzamt bezahlt worden. So erfährt das Publikum erstmals eine konkrete Zahl aus Würths Sponsor-Welt: 106 Millionen Euro habe er allein in den letzten sechs Jahren in die »res publica« gesteckt, wie er es nennt.

Elisabeth Dostert

Daheim ist daheim: Die Standortfrage

Es gibt etwas, das Nicolas Maier-Scheubeck immer und immer wieder erklären muss. Der 46-Jährige ist geschäftsführender Gesellschafter der Maschinenfabrik Reinhausen (MR). Das Unternehmen aus Regensburg sieht sich als Weltmarktführer für Stufenschalter. Diese Geräte sorgen dafür, dass in den Stromübertragungsnetzen der Energieversorger immer eine konstante Spannung herrscht. Was Maier-Scheubeck ständig erklären muss: 90 Prozent der Wertschöpfung finden in Deutschland statt, aber mehr als 90 Prozent der Erlöse von etwa 440 Millionen Euro im vergangenen Jahr erwirtschaftet der Konzern im Ausland. Das ist selbst für ein exportierendes Maschinenbauunternehmen ein extremes Verhältnis. »Das ist die uns prägende Grundspannung«, sagt Geschäftsführer Maier-Scheubeck. Dieser Kontrast zwischen seinen Produktionsstandorten und den Absatzmärkten werde MR häufig als merkwürdig angelastet.

Der Manager kann die Verwunderung durchaus nachvollziehen. Auch Maier-Scheubeck stellt sich, wie viele deutsche Maschinenbauunternehmer, bei jeder Investition die Frage: »Ist Deutschland noch der richtige Standort? Müsste man die Fabrik nicht in Asien bauen, das mit einem Umsatzanteil von fast 50 Prozent der größte und wachstumsstärkste Markt von MR ist?«

Bislang gewann immer Deutschland den Standortwettbewerb. Zwar unterhält der Konzern weltweit Montagewerke, Service- und Vertriebsgesellschaften, geforscht, entwickelt und produziert aber wird ausschließlich in Regensburg (mit den Werken Reinhausen und Haslbach der weitaus größte Standort) sowie bei den Tochterfirmen Messko in Oberursel und Highvolt in Dresden. »Wir profitieren sehr stark vom Label ›Made in Germany‹, deshalb produzieren wir in Deutschland«, sagt der Manager. Außerdem seien die räumliche Nähe der einzelnen Wertschöpfungsstufen und das über viele Jahrzehnte aufgebaute Fachpersonal entscheidende Erfolgsfaktoren. »Manche Familien arbeiten schon in der vierten Generation für uns«, sagt Maier-Scheubeck. Von den weltweit 2.200 Beschäftigten arbeiten 1.700 in Regensburg. Bis Ende 2008 soll die Belegschaft dort auf 1.800 anwachsen. »Der Facharbeitermangel trifft uns stärker als der konjunkturelle Abschwung. Die meisten Mitarbeiter kommen aus der Oberpfalz. »Die Leute hier passen zu unserem Produkt«, sagt Maier-Scheubeck: »Die Oberpfälzer sind sehr solide, sehr zuverlässig, nicht flippig, sehr loyal, sehr ernsthaft.« Es brauche zwar manchmal seine Zeit, eine gewisse Grundträgheit und Skepsis zu überwinden, »aber wenn sich der Oberpfälzer einmal für etwas begeistert, ist die Selbstmotivation hoch«. Maier-Scheubeck darf das sagen, er ist einer von ihnen.

Wenn der Mann erst einmal angefangen hat, findet er schier kein Ende, die Vorzüge des Standorts aufzuzählen. »Hier in Regensburg sind wir wer«, sagt der Firmenchef: »Als Familienunternehmen pflegen wir eine persönliche Beziehung zu den handelnden Personen: Mitarbeitern, Behörden, Politikern. Es ist nicht so, dass der Oberbürgermeister oder die Stadtverwaltung springen, wenn wir anrufen, aber man kennt sich. Das haben wir in Shanghai nicht.« In Reinhausen wurde 1868 die Firma gegründet. »So eine Tradition wirft man nicht einfach über Bord.«

So wurde auch das neue Versuchsfeld am Stammsitz gebaut. In dem Labor, das Ende Juli 2008 offiziell in Betrieb ging, können künftig Stufenschalter extremen Betriebszuständen ausgesetzt werden, etwa schwankenden Hochspannungen. Gerade bei einem so sensiblen und für die Zukunft wichtigen Thema wie Innovation habe die Gruppe kein Risiko eingehen wollen, sagt Maier-Scheubeck. Mit 25 Millionen Euro sei es die größte Einzelinvestition, die der Konzern bislang getätigt habe. »Die setzt man nicht einfach auf die grüne Wiese, weil die Löhne dort 10 Prozent niedriger sind und jemand Subventionen verspricht.« Dafür musste das Parkdeck abgerissen werden, denn das Werk Reinhausen hat längst seine Grenzen erreicht. Es liegt mitten im Ort. Bis zur neubarocken Pfarrkirche und zum Werner-von-Siemens-Gymnasium sind es fünf Gehminuten. »Es ist uns wichtiger, dass sich hier die Ingenieure tummeln als die Autos«, sagt der Unternehmer. »Wir haben uns die Frage gestellt: Zerstören wir nicht das Beziehungsgeflecht und die Abläufe in Reinhausen, wenn wir das Feld woanders errichten? Hier sitzen Geschäftsleitung, Vertrieb, Marketing, Produktion und Montage.« Schon einmal habe die Firma einen »Kulturschock« erlebt, als Anfang der 1990er-Jahre das Werk Haslbach gebaut wurde. »Es sind nur fünf Kilometer. Aber in der täglichen Zusammenarbeit zwischen Abteilungen erweist sich das bisweilen als eine riesige Distanz«, sagt Maier-Scheubeck. In Reinhausen geht man schnell mal zum Kollegen, man sieht sich in der Kantine. »Meinungsverschiedenheiten eskalieren da weniger schnell, als wenn man sich nur eine E-Mail schickt.«

Die Entscheidung zum Jahreswechsel 2004/2005 fiel also wieder auf Regensburg. Das Versuchsfeld wurde komplett aus eigenen Mitteln finanziert. »Wir haben keine Bankverbindlichkeiten«, sagt Maier-Scheubeck: »Wir wollen in jeder Hinsicht unabhängig sein – auch von Kreditgebern und Kunden. Wir haben auch ein Statut, das uns von den Gesellschaftern unabhängig macht.« Zu denen zählt neben den Gründerfamilien Scheubeck und Jansen der Siemens-Konzern mit 25 Prozent. Die Beteiligung stammt aus dem Jahr 1989: Damals übernahm MR das Stufenschalter-Geschäft des Münchner Konzerns, der im Gegenzug MR-Anteile wollte. Ein Vertreter von Siemens sitzt auch im MR-Beirat, dem nur familienfremde Manager angehören dürfen. »In manchen Diskussionen bewegen wir uns im Spannungsfeld zwischen Familienunternehmen und börsennotiertem Konzern.« Die gab es auch beim Versuchsfeld: »Unsere Beiräte konfrontieren uns mit Erfahrungen, die uns fehlen. Die meisten hatten schon mal richtig schlechte Zeiten und nur wenige bringen es auf ihren Produktfeldern auf Marktanteile von weltweit 50 Prozent.«

Diese Marktführung will MR auf keinen Fall verlieren. Das Wachstum kommt fast ausschließlich aus dem Ausland. Neu- und Ersatzgeschäft finde in hochindustrialisierten Regionen wie Europa kaum statt. Umso stärker investieren

Länder wie Indien und China in ihre Stromversorgung. In Shanghai hat MR gerade ein Montagewerk für 10 Millionen Euro eröffnet – aber eben nur Montage. Das Werk Haslbach sei 2007 innerhalb von nur zehn Monaten auf 26.000 Quadratmeter Fläche verdoppelt worden. »Regensburg ist ein gutes Investitionspflaster«, beteuert Maier-Scheubeck: Die Wirtschaftsförderung sei extrem gut. Sie stelle für größere Firmen einen »festen Paten«, der durch den Behördendschungel lotse. Die Genehmigung für das Versuchsfeld habe nach nur sechs Monaten vorgelegen. Die nächste Erweiterung von Haslbach steht 2009 an, denn die Nachfrage nach Energietechnik wächst enorm. In den vergangenen beiden Jahren habe MR die Erlöse weltweit um 20 bis 30 Prozent gesteigert. Der Konzernumsatz werde auch in den nächsten Jahren weiter zweistellig zulegen, aber mit abnehmenden Raten.

»Das ist auch gut so. So ein Wachstum stresst eine Organisation schon enorm«, sagt Maier-Scheubeck. In Regensburg sei die Belegschaft binnen zwei Jahren um 50 Prozent vergrößert worden. Reibungen bleiben da nicht aus. »Die Neuen bilden Grüppchen. Die Alten verteidigen ihren Mittagstisch in der Kantine. Die Gewerblichen arbeiten in drei Schichten, auch samstags. Nach einer Weile sieht man das den Gesichtern auch an«, sagt Maier-Scheubeck. Nun zahle sich die Pflege des Standorts und der Mitarbeiter aus: »Wir zehren im Moment stark von unserer Unternehmenskultur. Ohne solch eine Kultur würden wir das nicht schaffen.« Gleichzeitig verändere das Wachstum die Firmenkultur. In welche Richtung, das weiß Maier-Scheubeck selbst noch nicht so genau.

Elisabeth Dostert

»Die Konzerne gehen einfach ins Ausland«

Interview mit dem Mittelstandsexperten Klaus-Heiner Röhl vom Institut der deutschen Wirtschaft (IW) über die Heimatverbundenheit deutscher Familienunternehmen, Standortdefizite und Renditeunterschiede.

Herr Röhl, die deutschen Familienunternehmen klagen viel über die Nachteile des Standorts Deutschland: zu hohe Steuern, zu viel Bürokratie, unflexible Arbeitsmärkte. In Ihrer jüngsten Studie über die Zukunft der Familienunternehmen haben Sie herausgefunden, dass die inhabergeführten Firmen dennoch überaus heimatverbunden sind. Ist das Gejammer grundlos?

Nein. Gerade weil die Familienunternehmen weniger stark internationalisiert sind als Nichtfamilienunternehmen, leiden sie stärker unter den Standortdefiziten in Deutschland. Die Konzerne gehen einfach ins Ausland.

Unter welchen Defiziten leiden die Firmen am stärksten?

Die Angst ist groß, dass die durchgeführten Reformen, die in die richtige Richtung wiesen, wieder zurückgedreht werden und man am Ende wieder im gleichen Schlamassel sitzt wie vor der Agenda 2010.

Woher rührt die Heimattreue?

Die Treue der Familienunternehmen gilt nicht unbedingt Deutschland, sondern vielmehr der Region oder sogar ihrem Heimatort. Das hat emotionale Gründe.

Welche?

Die Vorfahren haben dort die Firma gegründet. Deshalb fühlen sich auch die Nachkommen dem Standort verbunden. Das sieht man ganz gut am Spendenverhalten. Familienunternehmen spenden viel und engagieren sich stark gesellschaftlich. Anders als Großunternehmen, die das als Teil ihrer globalen Imagekampagne sehen, spenden die Firmeneigentümer regional, etwa für Schulen oder soziale Projekte.

Fließen die Spenden wirklich freiwillig oder steht dahinter nicht der gesellschaftliche Druck und die Erwartung, Verantwortung für die Region zu zeigen, aus der die Mitarbeiter kommen und in der die Firma das Geld verdient?

Das mag es geben. Aber Familienunternehmer sind häufig eigenwillige Typen, die nicht auf gesellschaftlichen Druck reagieren, sondern ihren eigenen Kopf haben. Viele hängen ihr gesellschaftliches Engagement gar nicht an die große Glocke, sondern spenden anonym. Die Imagewirkung spielt keine Rolle.

Ist die Heimatverbundenheit nicht eher aus der Not geboren, denn für viele Familienunternehmen kommt eine

Expansion ins Ausland schon wegen der Größe nicht infrage?

Viele kleine Unternehmen haben in der Tat nicht die Möglichkeit, ins Ausland zu gehen. Aber unsere Studie hat gezeigt, dass auch die größeren und industriellen Familienunternehmen ab einem Umsatz von 50 Millionen Euro dem Standort stärker verbunden sind. Das dürften insgesamt etwa 1.200 sein. Sie machen knapp ein Drittel aller Firmen mit mehr als 50 Millionen Euro aus.

An welcher Zahl machen Sie diese Erkenntnis fest?

Der Anteil der Auslandsproduktion am Umsatz ist in den großen Familienunternehmen mit 8,8 Prozent deutlich geringer als in den entsprechenden Nichtfamilienunternehmen mit 12,9 Prozent; auch insgesamt sind Letztere stärker im Ausland aktiv.

Neben den emotionalen Gründen, was hält denn die Unternehmen in der Heimat?

Die Expansion ins Ausland ist mit hohen Risiken verbunden, die für die meisten Familienunternehmen nicht so leicht zu tragen sind wie für Großkonzerne. Die Kenntnisse der Familienunternehmer über Produktion und Markt sind stärker auf den Heimatmarkt fixiert, auch weil seltener Manager mit Auslandserfahrung eingestellt werden. Was man besser kennt, kann man besser beherrschen. Möglicherweise spielen auch die unterschiedlichen Kosten innerhalb der inländischen Standorte eine Rolle.

Was genau?

Familienunternehmen sitzen häufig in der Provinz. Viele Familienunternehmen haben ihren Sitz in kleineren Städten, besonders in Baden-Württemberg oder auch in Bayern. Da sind die Personalkosten vermutlich geringer. Auf der anderen Seite hat man mehr Mühe, hochqualifizierte Mitarbeiter wie etwa Ingenieure zu finden. Die Bindung an die Kommunalpolitik ist möglicherweise stärker als in Großkonzernen, sodass sich Wünsche an den Standort im Rahmen der kommunalpolitischen Möglichkeiten leichter durchsetzen lassen.

Wie viel Rendite kostet die Heimattreue?

Die Durchschnittsrendite in deutschen Familienunternehmen ab 1 Million Euro Umsatz und Nichtfamilienunternehmen ist in etwa gleich, das heißt, sie liegt bei 3 bis 4 Prozent nach Steuern. Aber die Spreizung in den Nichtfamilienunternehmen ist deutlich größer – der Anteil der Firmen mit Verlusten und mit sehr hohen Gewinnen ist dort größer. Familienunternehmer sind stabil.

Woran liegt das?

Das wissen wir nicht. Aber das Ergebnis ist an sich schon überraschend, denn andere Untersuchungen, die nicht auf empirischen Daten basieren, sondern auf anekdotischer Evidenz, also Einzelfällen, führen häufig zum Ergebnis, dass Familienunternehmen entweder sehr gut oder sehr schlecht gemanagt werden: Auf der einen Seite der Patriarch, der die Zeichen der Zeit verschlafen hat, mit der Folge, dass die Firma Verluste macht, oder der geniale

Familienunternehmer, der langfristig die richtige Strategie verfolgt. Danach müsste die Spreizung in den Familienunternehmen größer sein. Dem ist aber nicht so.

Elisabeth Dostert

Liebe ist es nicht: Eine Stadt und ihre Firma

Ulrike Stanek, 57, hat sich nochmal gemeldet, Stunden nach dem Gespräch im schmucken Rathaus von Ostheim vor der Rhön. »Mir ist noch eine Firma eingefallen«, sagt sie: »Die Bäckerei Schenk in der Roßgasse. Die gibt es seit 1683. Die backen noch nach Originalrezepten.« Die SPD-Politikerin Stanek ist stellvertretende Bürgermeisterin von Ostheim, eine Frau, die für alle da sein muss – die rund 3.500 Einwohner und die Firmen. Sie wägt ihre Worte ab, sie will nichts Falsches sagen, kein Unternehmen vergessen und keinem wehtun. Für Ostheim zählt jedes. Der Ort und die Firmen sind eine Zweckgemeinschaft, jeder braucht den anderen, Liebe aber ist es nicht.

Auf den ersten Blick ist es ein Ort wie viele: nicht besonders auffällig, nicht sonderlich groß, ein paar Dutzend Mittelständler, keine Konzerne. Es gibt ein paar Bäcker, Fleischer, viele Wirtshäuser, Pensionen, einen Kindergarten, Krippe, Grundschule, Hauptschule, kleine Einzelhändler, die Sparkasse, die Volksbank, aber keine privaten Banken, die Post. Die große Politik ist weit weg.

Und dann gibt es Bionade. Kein anderes Unternehmen hat den Ort so berühmt gemacht wie die Produzenten der gebrauten Limonade: die Familien Peter-Leipold und Kowalsky. Ihnen gehört die 1827 gegründete Privatbrauerei

Peter. Der Stiefvater Dieter Leipold, Erfinder des Getränks, habe immer gesagt, an einem anderen Ort wäre Bionade vielleicht nicht erfunden worden. So erzählt es Peter Kowalsky, der mit seinem drei Jahre jüngeren Bruder Stephan die Geschäfte führt. »Wenn wir in einem Ballungsgebiet säßen, dann hätten wir nie nach Alternativen zum Peter-Bier suchen müssen«, so Kowalsky. Er hängt an Ostheim.

Bürgermeisterin Stanek will nicht nur über Bionade reden. »Die Brauerei Streck ist heuer 290 Jahre alt geworden«, sagt sie. Zum Gespräch im Rathaus hat sie Verstärkung mitgebracht: Margitta Meußler, 57, Kämmerin und geschäftsführende Leiterin der Verwaltungsgemeinschaft Ostheim, 40 Dienstjahre. Mühsam klauben die beiden Frauen die Namen zusammen. »Die Firma Binder exportiert in alle Herren Länder«, sagt Stanek. Der Mittelständler baut Leichtflugzeuge. »Und der Kaul«, ergänzt Meußler. Die Firma ist auf Motorsport spezialisiert. »Ganz bekannt ist die in der Szene«, sagt Meußler. Bis in die 1990er-Jahre gab es auch einen Waffenhersteller, eine Schuhfabrik und einen Uniformen-Schneider. »Natürlich sind wir auf Bionade stolz«, sagt Stanek: »Bionade verbindet auf einzigartige Weise die Stadt mit der Region und dem Biosphärenreservat Rhön.« Jetzt klingt sie wie Kowalsky.

Bionade hat es schnell ins Fernsehen und in die Zeitungen gebracht. Selbst die französische *Le Monde*, die britische *Financial Times* und das Magazin *Time* haben vom Winzling aus der Provinz berichtet. »Ostheim ist eine Stadt wie aus dem Bilderbuch, enge, gewundene Straßen, ein Ort, der nicht so aussieht, als würde da jemals etwas passieren, ganz zu schweigen von etwas Angesagtem«, war dort zu lesen. Er beschreibt ein deutsches Idyll, ein Klischee, wie es Touristen aus dem Ausland gern mögen.

»Wir powern mit unserer Geschichte«, sagt Stanek: »Die sehr gut erhaltene mittelalterliche Kirchenburg, die größte Deutschlands, ist ein nationales Denkmal.« Trutzig hockt sie mitten in der Stadt: Türme, Bastionen, eine doppelte Ringmauer. Seit 1997 ist Ostheim Luftkurort. Vom Tourismus allein können die Menschen aber nicht leben. Viele pendeln zur Arbeit – knapp eine Stunde dauert es bis zum Autozulieferer Preh nach Bad Neustadt, auch BSH Bosch Siemens Haushaltsgeräte hat da eine Fabrik und das Rhön-Klinikum seinen Sitz. »Manche fahren bis Stuttgart oder Frankfurt«, sagt Meußler.

Ostheim liegt im nördlichsten Eck Bayerns, an der ehemaligen DDR-Grenze. Früher lag das Hauptabsatzgebiet der Brauerei Peter in Thüringen. »Die Grenzziehung nach dem Zweiten Weltkrieg hat uns mit einem Schlag 90 Prozent des Absatzes gekostet«, sagt Kowalsky. In den 1950er- und 1960er-Jahren ging es den Brauereien gut. Dann folgten schlechte Zeiten: Die Promille-Grenze sank, Konzerne wie Bitburger oder Warsteiner steckten Millionen in die Fernsehwerbung und verdrängten regionale Anbieter vom Markt, die Landjugend pflegte die Stammtische nicht mehr. Deshalb machte sich Dieter Leipold in den 1980er-Jahren Gedanken über ein neues Produkt. Als die Wiedervereinigung dann Ostheim in die Mitte Deutschlands katapultierte, ruhte das Projekt Bionade, denn die Brauerei Peter lieferte wieder Bier nach Thüringen.

Doch der Boom war schnell vorbei. Und die Brauerei saß auf einem Haufen Schulden. Der Gerichtsvollzieher war mehr als einmal da. »Mitte der 1990er-Jahre haben wir dann einen außergerichtlichen Vergleich hingelegt«, sagt Kowalsky: »Reserven hatten wir nie gebildet.« Der Großvater Ludwig habe das Geld gern verbaut – mal steckte er es in eine Mälzerei, mal in sein Privathaus. Das kam den Ostheimern manchmal großkotzig vor. »Wir waren immer die Exoten, die Verrückten«, so Kowalsky. Einmal habe der Bürgermeister den Ludwig überredet, eine Stadthalle zu bauen. In den schlechten Zeiten hat die Familie dort eine Diskothek betrieben. Heute wird in dem Gebäude Bionade abgefüllt. Auf dem Hof türmen sich blaue Getränkekisten wie eine Burg aus Legosteinen.

Kowalsky weiß, was er an Ostheim hat. »Bionade passt zu Ostheim«, sagt Kowalsky – eine Biolimonade aus dem Biosphärenreservat. »Ohne die Ostheimer gäbe es uns heute nicht mehr.« Mehr als einmal habe sich die Stadt in langen Sitzungen durchgerungen, der Brauerei Peter Gebühren zu stunden, die eigentlich nicht zu stunden sind, erzählt er. »Wir sind immer sehr geduldig«, sagt Kämmerin Meußler. »Verzugszinsen hat die Gemeinde auch immer genommen«, fügt Peter Kowalsky hinzu. Viele Jahre haben die Firmen der Familie keine Steuern gezahlt, wegen der hohen Verluste. Seit zwei Jahren zahlt zumindest die Bionade GmbH, an der die Familien Kowalsky und Peter 49 Prozent halten und der Getränkekonzern Rhön-Sprudel 51 Prozent.

Bionade wächst und wächst. »Früher standen wir unter dem Druck der Gläubiger, heute unter Erfolgsdruck«, sagt Kowalsky. Im vergangenen Jahr hat Bionade die Zahl der Mitarbeiter auf rund 200 verdoppelt, davon arbeiten allein 180 für die Bionade GmbH: Sie setzt 40 Millionen Euro um. Viele Mitarbeiter kommen aus Ostheim, einige haben schon früher einmal für die Brauerei Peter gearbeitet. 200 Millionen Flaschen werden jährlich in Ostheim abgefüllt, tagsüber und häufig auch nachts. Lastwagen müssen rückwärts über die Bundesstraße in den Hof setzen, um die Kästen abzuholen. Das ist nicht ganz ungefährlich. »Wir arbeiten hier zu Bedingungen, die eigentlich nur toleriert werden«, erzählt Kowalsky. Er will eine neue Produktionsstätte bauen unterhalb des alten Geländes, jenseits des Flüsschens Streu. »Jetzt ans Geldbunkern zu denken wäre falsch.« Die Kowalskys haben keine Zeit: 2016 läuft das Patent für Bionade aus. »Dann muss die Marke so stark sein, dass sie nicht mehr umfällt, wenn jemand dagegentritt.«

Die Gemeinde hat Zeit. »Die kann mit unserer Geschwindigkeit nicht mithalten. Da werden Versammlungen abgehalten und Hierarchien bewahrt. Da dauert es eben so lange, wie es dauert«, nölt Kowalsky: »Wir müssen wohl Geduld lernen und die Stadt muss schneller werden.« Sie bemüht sich. »Wir sind beim Flächenbedarf behilflich«, sagt Stanek. Die Bauern, denen die Äcker gehören, auf denen das neue Werk stehen soll, können diese nicht einfach so verkaufen. Sie brauchen Ersatzflächen. Die stelle dann, wenn nötig, die Stadt bereit, damit Bionade den Grund erwerben könne. »Alles zu den marktüblichen

Preisen, versteht sich«, betont Meußler eilig: »Wir tun, was wir können – im Rahmen unserer legalen Möglichkeiten. Wir dürfen nicht verschwenderisch sein.« Stanek fügt hinzu: »Wir würden jedem anderen Unternehmen, das uns braucht, auch helfen.«

Ostheim ist keine reiche Stadt. 2007 lagen die Gewerbesteuereinnahmen der Kämmerin zufolge bei 700.000 Euro. Noch vor drei, vier Jahren waren sie nicht einmal halb so hoch. »Die Gemeinde braucht nach wie vor Schlüsselzuweisungen, fast 1,3 Millionen Euro im Jahr 2008«, sagt Meußler mit Blick auf den kommunalen Finanzausgleich in Bayern zwischen reichen und armen Orten. Auf 5,4 Millionen Euro beläuft sich Meußler zufolge der gesamte Verwaltungshaushalt in diesem Jahr. Das ist das Geld, das die Gemeinde zum Wirtschaften hat.

»Wir müssen die gesetzlichen Vorgaben einhalten«, erklärt Meußler. So darf das Abwasser bestimmte Grenzwerte nicht überschreiten. Und Bionade produziere große Mengen »problematische Abwässer, Säuren und Laugen«. Deshalb mussten die Brauer eine Kläranlage bauen. Dann helfe wieder die Stadt: »Vor ein paar Monaten hat Bionade einen Bauantrag gestellt, der ging um 17 Uhr im Rathaus ein, um 20 Uhr war er schon durch den Stadtrat«, sagt Meußler.

Kowalsky würde am liebsten alle mitreißen im Erfolg von Bionade: die Stadt, die Menschen. Alles, was geht, würde er gern aus der Region beziehen: Braugerste, Zucker, Holunder, Kräuter. Aber die wenigsten lassen sich mitreißen. »Der Franke lässt sich nicht drängeln. Der muss von selber kommen«, sagt Kowalsky. So wie der Landwirt Martin

Ritter, 39. Er und Kowalsky sind Gleichgesinnte. Sie müssen nicht viel reden. Das haben sie auch vor drei Jahren nicht getan. Da hat Ritter Kowalsky gefragt, ob er nicht das Turnierprogrammheft des Reit- und Fahrvereins Ostheim sponsern will, dessen Vorsitzender Ritter ist. Kowalsky hat nicht lange gezögert. Seitdem wirbt Bionade auf der Titelseite. »Du bist doch auch bio«, hat Kowalsky damals zu ihm gesagt. Ritters Hof liegt etwas außerhalb der Stadt: 75 Hektar, Pferdepension, Putenmast. Kowalsky brauchte damals Braugerste, und Ritter hatte sie. »Über Preise haben wir nicht gesprochen.« Aber viel darüber, was sie noch gemeinsam machen könnten. »Wir waren ganz euphorisch.« Sie haben sich mit Kommunalpolitikern, Lobbyisten und Leuten vom Biosphärenreservat getroffen. »Wir wollten Synergien finden«, erzählt Ritter. Aber viele hätten nur die Nase gerümpft. Im Winter 2005 hat Ritter die ersten Hollerbüsche gepflanzt. Mittlerweile sind es 9 Hektar. »Viele haben mich belächelt und gewarnt«, erinnert sich Ritter. »Die Kowalskys waren doch schon so gut wie pleite. Du kriegst dein Geld nie.« Er hat es bekommen.

Peter Kowalsky hat sich gemerkt, wer für und wer gegen seine Familie war. »Wir sind nicht nachtragend, wir sinnen nicht auf Rache. Aber wir haben ein Gedächtnis wie ein Elefant«, sagt er. Es habe Lieferanten und Handwerker gegeben, die auch mal länger auf ihr Geld warteten. Frau Meußler, die Kämmerin, wohne oberhalb der Brauerei und habe ein paar Mal geklagt – wegen Lärmbelästigung. Sie habe auch dafür gesorgt, dass der Biergarten hinter der winzigen Braugaststätte zugemacht wurde, für den keine Genehmigung vorlag. Einmal mussten seine Mutter und sein Bruder Stephan ihre EC-Karten bei der Volksbank abgeben, weil die Konten überzogen waren. Sie hatten viel privates Geld in die Firma Bionade gesteckt. Peter Kowalsky durfte seine Karte behalten, weil seine Frau als Erzieherin ein regelmäßiges Einkommen hatte. »Heute sind sie alle sehr freundlich.«

Elisabeth Dostert

Mittendrin kalt erwischt

Es müssen grauenvolle Tage sein für Karl Straub. Aber er lässt es sich nicht anmerken, er ist schließlich der Chef. Straub, 37, ist Opel-Händler in Wolnzach, eine Gemeinde auf halbem Weg von München nach Regensburg. Er beschäftigt gut 60 Mitarbeiter und macht 15 Millionen Euro Umsatz. Genau genommen ist Straub Opel-Vertragshändler. Das liest sich wie eine feste Verbindung, denn Verträge suggerieren doch eigentlich Sicherheit. Aber Straub kann jeden Tag in der Zeitung lesen, wie unsicher die Lage ist: bei Opel, beim amerikanischen Mutterkonzern General Motors sowie in all den anderen Konzernen. Und all das, weil einige Manager, die für sehr viel mehr Mitarbeiter verantwortlich sind als Straub, Milliarden verzockt und Märkte falsch eingeschätzt haben.

Die Finanzkrise hat den deutschen Mittelstand im Griff, sowohl große als auch kleine Familienunternehmen. Die Stimmung verschlechtert sich von Monat zu Monat. Mit Staunen und Entsetzen registrieren die Unternehmer der sogenannten Realwirtschaft – also jene Unternehmen, die Güter produzieren und handeln oder Dienstleistungen anbieten – in welches Dilemma sie die Finanzwirtschaft gestürzt hat. Das Unheil ist ziemlich real. Die Kunden halten ihr Geld zusammen. Die Lieferanten fragen sich, wie lange ihre Rechnungen noch bezahlt werden, oder übergeben die Ware nur gegen Vorkasse. Abnehmer sorgen sich, ob die angezahlte Ware auch tatsächlich geliefert wird. Was, wenn der Lieferant pleitegeht? Bei den Banken sitzt das Geld nicht mehr so locker. Wie also das Geschäft finanzieren? Jeder Lieferant ist irgendwo auch Kunde oder Verbraucher. Wem kann man da noch trauen?

Im Sommer, als die Kunden Straubs Autohaus fern blieben, ist er zu seiner Hausbank gegangen. Er hatte bei der Volksbank Hallertau gelernt, ehe er sich dann doch entschloss, den Autohandel des Vaters zu übernehmen. »Man muss Probleme offensiv angehen«, sagt Straub. Sein Vater war auch schon Kunde bei der Volksbank. »Da zahlt sich die mehr als 40-jährige Geschäftsbeziehung aus. Da lässt man dich nicht so schnell fallen.« Seit Oktober laufe das Geschäft wieder einigermaßen, aber es sei wechselhaft. Etwa hundert Wagen verkauft das Autohaus im Monat. Gefragt seien vor allem die kleinen, spritsparenden Fahrzeuge. Wegen der Steuerbefreiung für Neuwagen sei allerdings noch niemand gekommen.

»Die Kunden sind verunsichert«, erzählt Straub. »Mit manchen Interessenten sind wir so gut wie handelseinig. Dann gehen sie nach Hause, um ihre Entscheidung noch einmal zu überschlafen. Am nächsten Morgen rufen sie an und sagen ab.« Die Finanzkrise macht sich auf vielen Ebenen bemerkbar. Die Bonitätsanforderungen der Banken an die Autokäufer seien gestiegen. »Früher haben wir von zehn Finanzierungsanfragen neun durchbekommen, heute sind es sechs oder sieben«, erzählt Straub. Früher haben die Banken die Kredite gebündelt und weiterverkauft. Das geht nicht mehr. »Heute nehmen die Banken nur die besten

Kunden«, sagt Straub. »Vielleicht haben sie früher zu lax Kredite vergeben, jetzt sind sie zu streng.« Früher klingt, als sei das Jahre her, dabei schien Straubs Welt vor ein paar Monaten noch in Ordnung. Seiner Firma gehe es immer noch besser als vielen anderen Autohäusern. »Aber wir schreiben nicht gerade tolle Umsatzrenditen.« Zum Glück wohnt Straub in Wolnzach. Auf dem Land sei das Geschäft nie so volatil gewesen wie in der Stadt, weil die Menschen ausgeglichener und weniger stimmungsabhängig seien, glaubt Straub: »Wir hatten nie so extreme Auf- und Abschwünge.« Er redet nicht nur für sich, Straub ist Ortsvorsitzender des Gewerbeverbands und sitzt für die CSU im Gemeinderat.

»So was hat es noch nie gegeben«, hat sein Vater ihm erzählt, und der hat schon die beiden Ölkrisen mitgemacht. Der Vater heißt auch Karl. Sie teilen sich ein Büro. In einem klobigen Marmoraschenbecher liegen zerdrückte Zigarettenkippen. Der Rauch hat über die Jahre hinweg die Tapete gelblich verfärbt. An den Wänden hängen Auszeichnungen von Opel für besonders erfolgreiche Händler, gerahmte Kinderfotos, zwei Ölgemälde zeigen Vater und Großvater. Hinter dem wuchtigen Schreibtisch wirkt Straub junior sehr dünn und weit weg.

Jeder redet von Krise. Einen unbändigen Optimisten wie Peter Schöffel nervt das gewaltig. Der 47-Jährige ist geschäftsführender Gesellschafter des gleichnamigen Sportbekleidungsherstellers aus Schwabmünchen, rund 30 Kilometer südlich von Augsburg. Er spürt die Finanzkrise auch. Das Geschäft unter der eigenen Marke läuft noch gut, aber die Industriekunden, an die Schöffel Hosen, T-Shirts und Jacken mit deren Logo liefert, ordern deutlich weniger Ware als im vergangenen Jahr. Ein paar Hundert Fleece-Jacken hat er nicht mehr ausgeliefert, weil der Abnehmer Insolvenz angemeldet hat. »Im Industriegeschäft macht sich die Panik der Konzerne bemerkbar«, sagt Schöffel. Es macht weniger als ein Fünftel der Erlöse von insgesamt gut 70 Millionen Euro aus. »Wir werden unsere Wachstumspläne von 10 bis 15 Prozent jährlich auf 0 bis 5 Prozent korrigieren müssen.« Aber die Krise gehe auch wieder vorbei, in ein oder zwei Jahren, so Schöffel.

Vor vier Wochen hat er sein Führungsteam zu einem Workshop mit dem Thema »Die Krise als Chance« eingeladen. Wenn Schöffels Optimismus durchbricht, ist er kaum zu bremsen und wirkt wie ein Teenager, der seine Fußballmannschaft anfeuert: »Hey, wenn es da draußen dunkel wird, hat genau der Mittelstand seine Chancen, weil er solide finanziert ist, weil er Produkte statt Firmen verkauft und weil er ein kulturelles Erbe pflegt. Wir werden auch in den nächsten Jahren unsere Weihnachtsfeiern und Betriebsausflüge machen, wir stehen zusammen. Wir werden Betriebskosten senken müssen, aber ich gehe fest davon aus, dass keiner meiner 190 Mitarbeiter entlassen wird. Ich will denen nicht an den Geldbeutel.« Schöffel liebt naturnahe Vergleiche. »Ein Unternehmen zu führen, ist kein Sprint, sondern ein Marathon mit Höhen und Tiefen. Da muss man durchhalten.« Wenn man sein Bild weiterzeichnet, ist den Renditejägern wohl die Luft ausgegangen. Wenigstens bekommt Schöffel jetzt keine Briefe mehr von Finanzinvestoren, die seine Firma übernehmen wollen. »Die waren wie die Zecken.« Die Preise, die sie boten, konnte Schöffel nicht mehr nachvollziehen, und er schätzt seine Firma wirklich sehr. Verkaufen kommt nicht infrage. »Wenn es mir nur darum ginge, mein Vermögen zu maximieren, wäre ein Verkauf logisch. Aber es geht nicht nur ums Geld.«

Schöffel hat sich schon lange gewundert, wie viele Milliarden Euro Tag für Tag von Banken und Hedge-Fonds um den Globus geschoben wurden. »Ein Mittelständler konnte froh sein, wenn die Bank seine Kreditwürdigkeit mit BB bewertete. Konzerne, deren Papiere mit AAA benotet wurden, also praktisch ohne Ausfallrisiko, sind pleite«, sagt Schöffel. Er hat ein A-Rating. Früher glaubte er, der freie Markt werde alles richtig regeln. Das glaubt Schöffel nicht mehr. »Gier ist eine große menschliche Triebfeder, die gezähmt werden muss. Aber ohne gleich in Staatswirtschaft zu verfallen.«

Das Zahlenspiel mit vielen Nullen geht munter weiter. Nun feilschen Politiker und Konzernchefs um Milliarden: Bürgschaften, Kredite, Konjunkturprogramme, Steuervergünstigungen, Rettungsschirme. Autohändler Straub wundert sich: »Seit Jahren betteln die Leute um etwas mehr Netto in der Tasche und plötzlich sind ein paar Milliarden überhaupt kein Problem mehr.« Zu den staatlichen Hilfen für die Banken habe es wohl keine Alternative gegeben. »Mich ärgert nur, dass wir überhaupt keine Hilfe bekommen. Wo ist der Unterschied zwischen Commerzbank, Deutscher Bank und einem Mittelständler?« Wenn wenigstens Opel geholfen würde, dann wäre auch ihm geholfen, sagt Straub.

Er fühlt sich ungerecht behandelt. Und so wie er empfinden viele Mittelständler.

Was ist gerecht? Welche Werte zählen? Was zählt der Mensch? Die Finanzkrise hat auch die Diskussion um die Maßstäbe des Wirtschaftens neu belebt. In jeder Welt – Finanzwelt, Realwirtschaft, Konzerne, Mittelstand – gelten offenbar andere. Was sollen Straub und Schöffel ihren Kindern erzählen? »Das, was mir meine Eltern beigebracht haben«, erklärt Straub: »Sei anständig, ehrlich, und tu was, dann wird es schon irgendwie hinhauen.« In den vergangenen Jahren, so Schöffel, sei das Wirtschaften stark am Menschen als Kunden und Mitarbeiter vorbeigegangen: »Vor allem in den großen Konzernen zählte der Mensch nur als Shareholder.« Die Wirtschaft müsse wieder menschlicher und nachhaltiger werden.

Es ist keine leichte Aufgabe, Menschen ihren Wert zu vermitteln. Schöffels Frau Andrea, 39, versucht es jeden Tag. Sie ist Rektorin an der Grundschule Graben, ein Nachbarort von Schwabmünchen. 155 Schüler werden dort unterrichtet. Es ist ein freundlicher Ort. In der Eingangshalle hängen Papierdrachen mit lachenden Gesichtern von der Decke. Sie wolle die Kinder starkmachen für das, was nach der Schule kommt, und ihnen Werte vermitteln, die heute nicht mehr selbstverständlich seien. Gemeinschaft zähle dazu. »Geld für sich genommen ist kein Wert.« Die Kinder sollen lernen, sich selbst wertzuschätzen. »Denn nur dann kann ich auch andere wertschätzen. Und jedes Kind verdient, wertgeschätzt zu werden«, sagt sie. Nicht jedes erfährt das zu Hause. »Es nützt einem Kind in seinem späteren Leben nichts, wenn es superintelligent ist, aber den anderen nicht wertschätzt. Dann wird es irgendwann zum Außenseiter«, erklärt Andrea Schöffel.

»Die Konzernbosse haben doch längst den Kontakt zur Basis verloren«, sagt Straub junior. »Die wissen doch gar nicht, wie es ist, im Monat mit 700 oder 1.000 Euro brutto über die Runden kommen zu müssen.« Er kenne jeden seiner Mitarbeiter namentlich. Er kann ihnen nicht aus dem Weg gehen, nicht im Autohaus und nicht in der Stadt. »Wer fragt schon Ackermann auf der Hauptversammlung, wie viele Mitarbeiter er noch hat?«, so Straub. »Ein Manager kassiert Millionen aufgrund von Buchgewinnen und gibt nichts zurück, wenn real Verluste anfallen.« Der typische Mittelständler schnalle lieber den Gürtel enger, als Mitarbeitern zu kündigen. »Ich könnte es mir hier nicht leisten, mal auf die Schnelle fünf Leute zu entlassen.« Straub hat in Wolnzach ein Gesicht zu verlieren.

Michael Hüther

Größe ist nicht alles: Was den Mittelstand erfolgreich macht

Es gibt feste Größen in der Wirtschaftspolitik, die zum Repertoire jeder Regierung und Partei gehören. Der Mittelstand ist eine davon. Er steht fast völlig außerhalb der Kritik und wird stets als förderungswürdig angesehen. Beauftragte für diese Spezies sollen ihn hegen und pflegen. Als Gegenentwurf zu den international verorteten Kapitalgesellschaften wird hier mitunter romantisch verklärt die »Standort-Erdung« unterstellt. Und dennoch: Ebenso beständig sind Klagen darüber, dass der Mittelstand besondere Lasten zu tragen habe.

Tatsächlich lässt sich in zwei Handlungsfeldern der Politik berechtigt fragen, ob der Mittelstand wirklich im Fokus steht. Gemeint sind der Bürokratieabbau und die Forschungsförderung. Im ersten Bereich sollten kleinere und mittlere Unternehmen (KMU) gezielt entlastet werden, da Dokumentations- und Informationspflichten sie aufgrund ihrer schmaleren Steuerungsfunktionen überproportional treffen. Im zweiten Bereich begünstigt die Förderkulisse zu 80 Prozent große Firmen, weil die Programme häufig intransparent sind und sich durch die dominierende Projektförderung eher an größere Unternehmen wenden.

Die Popularität des Mittelstandes – definiert als Unternehmen mit bis zu 499 Beschäftigten – hat mit seinem wirtschaftlichen Gewicht zu tun: Mehr als 70 Prozent aller Beschäftigten, über 82 Prozent aller Ausbildungsplätze, über 51 Prozent aller Investitionen und über 46 Prozent der Wertschöpfung markieren das Rückgrat der deutschen Wirtschaft. Hier war im zurückliegenden Aufschwung der eigentliche Jobmotor zu finden. Die Nettoumsatzrenditen sind im Schnitt höher als die der großen Unternehmen, lediglich die Eigenkapitalschwäche ist – wenngleich abgeschwächt – noch spürbar.

Die nach Firmengröße vorgenommene Abgrenzung des Mittelstandes ist allerdings nicht sinnvoll, weil sie die Differenzierung unternehmerischen Handelns nicht berücksichtigt und einen Zusammenhang unterstellt, der nicht existiert. Nach einem Gutachten des Instituts der deutschen Wirtschaft (IW) für die Vereinigung der bayerischen Wirtschaft sind die mittelgroßen Unternehmen (Umsatz von einer bis 50 Millionen Euro) am erfolgreichsten – bezogen auf die Kriterien Beschäftigung und Umsatz, Nettoumsatzrendite, kurzfristige Geschäftserwartungen und mittelfristige Standortaussichten.

Entscheidend für den Erfolg oder den Misserfolg ist nicht die Unternehmensgröße, sondern die Fähigkeit, an den Trends des Strukturwandels teilzuhaben. Dazu gehören vor allem eine starke Auslandsaktivität, intensive Forschung und Entwicklung sowie die kundenspezifische Differenzierung der Produkte durch begleitende Dienstleistungen. Firmen, die einem hohen Preisdruck auf der Absatzseite ausgesetzt sind oder stark mit Anbietern aus Niedriglohnländern konkurrieren, tun sich schwerer. Wer seinen Einkauf vermehrt überregional tätigt, ist erfolgreicher als derjenige, der im lokalen Umfeld kauft.

KMU weisen insbesondere bei den Punkten Internationalisierung und Innovationen Schwachstellen auf, während ihre Stärken im Schaffen von Alleinstellungsmerkmalen sowie in der Nutzung von Marktnischen und Spielräumen bei der Preisgestaltung liegen. Nur rund 13 Prozent der KMU sind ausgeprägt internationalisiert. 64 Prozent fallen in den Bereich der lokal orientierten, nicht technologieintensiven Unternehmen und liegen bezüglich der vier genannten Erfolgskriterien deutlich unter dem Durchschnitt. Angesichts dieser Zusammenhänge sollte sich die Mittelstandspolitik weniger an der Unternehmensgröße orientieren, sondern verstärkt an den Erfolgsfaktoren – vor allem der Internationalisierung und der Innovationskraft – ansetzen. Viel wäre gewonnen, wenn die bestehenden Förderprogramme für Forschung und Entwicklung übersichtlicher und konsistenter gestaltet würden. Besser noch wäre es, wenn dafür anstelle des Instrumentendschungels eine allgemeine, nicht diskriminierende steuerliche Förderung eingeführt würde. In anderen Ländern Europas ist dies bereits realisiert worden.

Natürlich muss vor dem Hintergrund der Finanzkrise gefragt werden, welche Auswirkungen diese auf die Unternehmen haben wird. Bislang – so die jüngste Umfrage des Deutschen Industrie- und Handelskammertags (DIHK) – ist eine Kreditklemme nicht festzustellen, wohl aber melden 25 Prozent der Unternehmen verschärfte Konditionen. Allerdings finanziert sich der Mittelstand traditionell sehr stark über Eigenmittel – fast 45 Prozent der Investitionen werden so ermöglicht, bei Innovatoren erreichen die Eigenmittel sogar einen Finanzierungsanteil von 50 Prozent. Der Bankkredit folgt aber direkt danach. Insofern ist das Stabilisierungspaket der Regierung von hoher Bedeutung, um drohende Gefahren abzuwenden.

Schwierigkeiten melden die Unternehmen bei der Verfügbarkeit von Risikokapital. Hier liegt traditionell ein bedeutendes Hemmnis für viele Innovationen. Deshalb sind Venture-Capital-Programme begründbar. Ebenso muss dafür Sorge getragen werden, dass nach dem Desaster mit der Verbriefung von US-Hypotheken moderne Finanzierungsinstrumente nicht verbannt werden, sondern ein Lernprozess in der Finanzbranche einsetzt mit dem Ziel, zukünftig mehr auf Qualität zu achten. Indes: Über eine Normalisierung der Renditeerwartungen und die neue Sehnsucht nach Stabilität dürfte die Krise den Mythos Mittelstand eher stärken als schwächen.

Mittelstand trifft Politik: Expertenforum

Das Thema des 7. Expertenforums Mittelstand, das am 16. Oktober 2008 in München stattfand, hat viele Facetten. Daher diskutierten die Experten dieses Mal gleich parallel auf drei Podien über den Standort Deutschland, die internationalen Märkte und die gesellschaftliche Verantwortung von Unternehmen – und auch an der Finanzkrise kam natürlich keiner der Diskussionsteilnehmer vorbei. Die folgenden Texte bieten eine Zusammenfassung der einzelnen Redebeiträge.

Diskussionsforum am 16. Oktober 2008 in München

Standort Deutschland

Moderation:

- *Dr. Marc Beise*, Leiter der Wirtschaftsredaktion der *Süddeutschen Zeitung*.

Experten:

- *Lutz Diederichs*, Mitglied des Vorstandes der Bayerischen Hypo- und Vereinsbank AG, München sowie Mitglied des Executive Committee der UniCredit Corporate Banking Division.
- *Dr. Michael Rogowski*, Vorsitzender des Aufsichtsrats und des Gesellschafterausschusses der Voith AG, Heidenheim sowie ehemaliger Präsident des Bundesverbands der Deutschen Industrie (BDI).
- *Hartmut Schauerte*, parlamentarischer Staatssekretär im Bundesministerium für Wirtschaft und Technologie sowie Beauftragter der Bundesregierung für den Mittelstand.
- *Peter Schöffel*, geschäftsführender Gesellschafter der Schöffel Sportbekleidung GmbH. Das 1804 gegründete Unternehmen mit Sitz in Schwabmünchen befindet sich nach wie vor zu 100 Prozent in Familienbesitz.

Hartmut Schauerte

»Ich möchte als Politiker daran mitwirken, dass wir die beschlossenen Instrumente so einsetzen, dass es tatsächlich zu Vertrauensbildung und einer Beruhigung im Markt kommt.«

Die Finanzkrise und ihre Auswirkungen

Das Rettungspaket des Bundes mit einem Gesamtvolumen von 500 Milliarden Euro ist geschnürt, auch wenn die Länderfrage und einige abschließende Details noch nicht geklärt sind. Seine Kernelemente sind Staatsgarantien in Höhe von 400 Milliarden Euro, um das Interbankengeschäft wieder in Gang zu bringen, die Bereitstellung von Eigenkapital gegen Beteiligung in Höhe von 80 Milliarden Euro sowie der Ankauf von »faulen« Krediten in Höhe von 20 Milliarden Euro – für Fälle, in denen sonst ein systemisches Risiko droht. Wir sind überzeugt, dass dieser Maßnahmen-Mix verloren gegangenes Vertrauen wiederherstellen und für eine Beruhigung der Märkte sorgen wird. Dabei sind sowohl Volumen als auch Zeitpunkt des Maßnahmenpaketes richtig gewählt, denn wenn man in einer Krise zu früh handelt, kann die Wirkung auch verpuffen, wie man an dem 700-Milliarden-Dollar-Rettungsplan der USA gesehen hat, der im Prinzip nichts bewirkt hat.

Eine Kreditklemme für den Mittelstand ist meiner Ansicht nach nicht absehbar, eine momentane Verschlechterung der Konditionen ja, aber ich rechne nicht mit ernsthaften Problemen bei der Versorgung der Wirtschaft mit Krediten. Im Gegenteil, das Mittelstands-Finanzierungsgeschäft wird vielmehr eine Renaissance erleben, denn die Banken werden händeringend nach Mittelständlern suchen, denen sie einen Kredit verkaufen können. Wo wollen sie denn im Moment sonst ihr Geld anlegen? Die virtuellen Finanzmarktspekulationen gehen nicht mehr, die weltweite Blase ist geplatzt. Wenn die Banken also in die Realwirtschaft zurückkehren wollen, werden sie sich nach dem Mittelstands-Finanzierungsgeschäft zurücksehnen.

Eine viel größere Gefahr sehe ich hingegen in dem durch die Finanzkrise ausgelösten und stetig wachsenden Misstrauen von Konsumenten und Investoren und in den damit verbundenen Auswirkungen auf die Konjunktur. Diesem fehlenden Vertrauen entgegenzutreten ist das Gebot der Stunde.

Eines möchte ich an dieser Stelle aber noch einmal betonen: Bei dem Rettungspaket handelt es sich nicht um eine Aktion zur Rettung der Banker, sondern um eine Aktion zur Rettung des Geldes der Bürgerinnen und Bürger sowie der Investitions- und Konsummöglichkeiten des Mittelstands. Diese Hilfe wird auch nicht kostenlos bereitgestellt, sondern vom Bund risikoadäquat bepreist werden. So stellen wir sicher, dass die Banken das Angebot nur in Anspruch nehmen, wenn sie es auch wirklich benötigen. Das darf allerdings nicht so weit gehen, dass das Vertrauen, das ja gerade wiederhergestellt werden soll, nicht entstehen kann. Hier muss ein Mittelweg gefunden werden.

Auch sollten diese aus einer Phase der höchsten Not geborenen Maßnahmen nicht als Argument für weitere Wünsche des Mittelstands und der Gesellschaft missbraucht werden. Mehr Geld für den Straßenbau, mehr Geld für Bildung, eine Erhöhung des Kindergeldes – wenn wir diese Büchse der Pandora jetzt öffnen, fliegt uns unser Ziel, den Haushalt zu konsolidieren, schnell um die Ohren.

Die Finanzkrise: Ursachen und Konsequenzen

Natürlich ist auch die Frage nach den Gründen für die Finanzkrise und den Konsequenzen aus der Krise wichtig, allerdings können wir uns diesem Thema erst dann eingehend widmen, wenn wieder Ruhe in die Märkte eingekehrt ist. Denn wenn das Haus brennt und der Feuerwehrmann zunächst darüber diskutiert, was die Ursachen für das Feuer sein könnten, wird er es nicht löschen. Jetzt müssen wir ein Notinstrumentarium aufbauen, unabhängig davon, welches die Gründe für diese Krise gewesen sind. Sicherlich wird der eine oder andere – nicht nur Banker, auch Aufsichtsräte und viele andere – sich fragen lassen müssen: Wie habe ich an der Krise mitgewirkt? Auch die Politik muss sich fragen lassen: Wer hat die richtigen Signale gesendet, wer die falschen? Da wird es eine breite Debatte geben …

Die Notwendigkeit für eine strikte Regulierung des Finanzsektors bis hin zur Verstaatlichung von Banken und zum Verbot von bestimmten Finanzprodukten sehe ich jedoch nicht und die wird es mit der Union auch nicht geben. Sehr wohl vorstellen kann ich mir hingegen eine persönliche Haftung angestellter Manager – zumindest in einem gewissen Maß. Schließlich haftet auch der mittelständische Unternehmer für das, was er tut, mit seinem persönlichen Vermögen. Und auch Politiker haften, zum Beispiel indem sie abgewählt werden, wie das in Bayern gerade passiert ist – ohne Kündigungsfrist. Daher muss die Frage gestattet sein: Wer so gewaltige Verantwortung trägt, wer so gewaltige Entscheidungen trifft, muss der am Ende nicht auch ein Stück weit dafür einstehen, wenn es schiefgeht? Das hat nichts mit Populismus zu tun, sondern damit, dass dann die Entscheidungen vielleicht anders ausfallen werden, weil am Ende eine Haftung stehen kann.

Erfolgsmodell Mittelstand

Im Zusammenhang mit den Unterschieden zwischen großen und kleinen Unternehmen möchte ich noch auf folgenden Punkt hinweisen: Natürlich ist es schwieriger, in einem großen Unternehmen mit vielen Angestellten ein persönliches Verhältnis zu schaffen als in einer Fünf-Mann-Firma, deren Mitarbeiter alle gemeinsam zur Schule gegangen sind. Nichtsdestotrotz ist es auch in Konzernen möglich, Einheiten zu schaffen, in denen diese menschliche Nähe existiert. Und das ist auch dringend notwendig, denn Unternehmen mit »Ist-mir-doch-egal-Angestellten« ohne Motivation werden letztendlich scheitern.

Lutz Diederichs

»Ich möchte meine persönlichen Konsequenzen aus der Krise kritisch reflektieren und ich möchte vor allen Dingen den Kurs der HypoVereinsbank im Firmenkundengeschäft, nämlich für ihre Kunden da zu sein und nicht nur auf innovative Finanzprodukte zu schielen, fortführen.«

Die Finanzkrise und ihre Auswirkungen

Ich denke, dass das Rettungspaket der Bundesregierung den Banken sehr gut weiterhilft. Es ist vor allem auch umfangreich genug, um den Geldkreislauf wieder zum

Laufen zu bekommen – wir reden hier über ein Volumen von annähernd einer halben Billion Euro, das ist gewaltig. Aber wir haben uns in den letzten Tagen ja alle an Summen gewöhnt, die wir vor einiger Zeit noch für aberwitzig gehalten haben. Und wir brauchen diese gewaltige Summe, damit sich die Banken wieder gegenseitig vertrauen und Geld leihen. Das ist der Kernpunkt. Daher müssen wir die Diskussion auch versachlichen. Wir reden in erster Linie über eine Liquiditäts- und Vertrauenskrise unter Banken und nur in Teilen über Rentabilitätsprobleme. Ob diese Maßnahmen ausreichen, werden wir nächste Woche beurteilen können.

Das zentrale Problem ist im Moment die Frage, ob wir an dem Punkt sind, an dem die Krise auf die Realwirtschaft durchschlägt. Ich möchte an dieser Stelle nochmals den Begriff des »credit crunch« beziehungsweise der Kreditklemme aufgreifen. Ich glaube nicht, dass es eine Kreditklemme im Mittelstand geben wird, auch wenn es kurzfristig zu Preiserhöhungen kommen wird, weil die Banken höhere Refinanzierungssätze haben. Für Unternehmen, die – aus Bankersicht gesprochen – sich mit den Basel-II-Themen beschäftigt haben, das heißt, die ihr Eigenkapital nach vorn gebracht haben, die an ihrer Rentabilität sowie an ihrer Wertschöpfungskette und Internationalität gearbeitet haben, bin ich überhaupt nicht skeptisch, was die Zukunft angeht.

Deshalb ist für den Mittelständler jetzt die Frage am wichtigsten, mit welchen Banken er zusammenarbeitet. Wir machen uns im Moment mehr Gedanken um die Stabilität des Bankenkreises beim Mittelständler als um dessen originäres Geschäft. Aber dieses Problem lösen wir, wenn wir die angesprochene Liquiditäts- und Vertrauenskrise im Interbankenverkehr lösen.

Die Finanzkrise: Ursachen und Konsequenzen

Wir arbeiten bei den Schuldzuweisungen sehr stark mit Stereotypen. Es ist noch keine 18 Monate her, da haben wir in dieser Gesellschaft eine Diskussion über das Unternehmerbild in Deutschland geführt und nun sind die Banker natürlich ein geeignetes Opfer. Dabei reden wir immer über »die Banker«, über »die Konzerne«, obwohl wir eigentlich über eine kleine Gruppe von Investmentbankern sprechen müssten, welche genau die astronomischen Gehälter erhält, die zunehmend in der öffentlichen Kritik stehen. Ich habe aber auch – und das sage ich als Mittelstands-Fan – Mittelständler kennengelernt, die sehr viel gieriger waren als viele Investmentbanker, die ich getroffen habe.

Ich denke einfach, dass jedes Unternehmen, egal welcher Größe, sich qualifiziertes und motiviertes Personal suchen muss. Im Bankwesen ist dieser Punkt noch sehr viel essenzieller als vielleicht in anderen Branchen, weil wir von der Qualität unserer Mitarbeiter leben. Wir wissen genau, dass wir mit langfristigen Kundenbeziehungen sehr viel mehr Geld verdienen, als wenn wir versuchen, einen schnellen Deal zu machen. Das unterscheidet einen kommerziellen Banker von einem Investmentbanker: Der kommerzielle Banker ist kundenorientiert und arbeitet mit Menschen zusammen. Er ist nicht »deal-getrieben«. Und wir werden zu einem Banking zurückkommen, bei dem der Kunde im Mittelpunkt steht und nicht der kurzfristige Erfolg. Ebenso wird sich das Investment-Banking zukünftig ausschließlich an den Bedürfnissen der Kundenbasis orientieren. Das kommt natürlich den kommerziellen Banken sehr viel mehr zugute, weil das Geschäftsmodell der klassischen Investmentbank im Moment am Boden liegt.

Ich bitte auch, noch einmal zu registrieren, dass der Beginn dieser Finanzmarktkrise die Subprime-Krise in den USA war, und ich bitte, daran zu denken, dass die Banken, die darin am stärksten involviert waren, vor allem staatlich kontrollierte Banken waren. Das, was im Moment passiert, ist als temporäre Stützungsaktion extrem wichtig. Aber wer jetzt glaubt, daraus den Schluss ziehen zu müssen, dass eine Verstaatlichung von Banken der bessere Weg ist, der täuscht sich – davor kann ich nur warnen.

Und noch ein Satz zum Thema Gehalt: Ich halte das für einen ziemlich banalen Vorgang. Die Gehaltsbestimmung findet durch die Eigentümer statt. Wenn der Staat Eigentümer einer Bank wird, weil diese seine Hilfe in Anspruch nimmt, dann finde ich es völlig normal, wenn der Staat das Gehalt dieser Manager mitbestimmt. Aber wir sollten von dem Grundsatz nicht abweichen, dass die Eigentümer, also die Aktionäre, sprich die Hauptversammlung beziehungsweise der Aufsichtsrat, die Höhe der Manager-Vergütungen festlegt und eben nicht der Staat. Ein zweiter Satz zum Thema Haftung – und da fand ich den Einwurf »Politiker« dann doch nicht so schlecht: Es gibt wohl kaum jemanden, der für eine Bank oder den Etat eines Bundesministeriums die persönliche Haftung übernehmen kann. Aber wer gut verdient, muss auch mit einem gewissen Prozentsatz ins Risiko gehen. Allerdings müssen wir dann die Gehaltssysteme anders gestalten und sie auf langfristigen Erfolg auslegen und nicht auf kurzfristige Gewinnmaximierung. So lässt sich das Problem lösen.

Ich glaube, wir sollten Systeme entwickeln – und wir haben sie in Teilen ja auch –, welche die Stakeholder bedienen. Das heißt, hier steht die Frage im Vordergrund: Was nutzt dem Aktionär? Das hat natürlich etwas mit Rentabilität zu tun. Wir sollten die Gewinnerzielungsabsicht nicht verwässern. Aber es hat etwas mit langfristiger Rentabilität zu tun. Weitere Kriterien für den Erfolg könnten Mitarbeiter- und Kundenzufriedenheit sein. Dann hat man, glaube ich, ein Konzept, das nachhaltige Stabilität sichert: Gewinn, Kunde, Mitarbeiter.

Dr. Michael Rogowski

»Ich empfehle allen Mittelständlern, auf Liquidität zu achten. Das wird uns das nächste Jahr ganz besonders beschäftigen.«

Die Finanzkrise und ihre Auswirkungen

Rein ordnungspolitisch ist das Rettungspaket des Bundes nicht vertretbar. Aber wenn die Hütte brennt, dann muss man erst einmal löschen – und sich erst danach darüber unterhalten, was man an der Hütte umbauen muss, beziehungsweise ob es nicht besser ist, eine neue Hütte zu bauen.

In dieser Krise ist eine pragmatische Herangehensweise gefragt. Insofern stehe ich voll hinter dem, was im Moment geschieht. Allerdings bin ich nicht der Meinung, dass der Zeitpunkt ideal ist. Es hätte auch schon früher etwas passieren können, aber ich respektiere den Standpunkt von Herrn Schauerte. Man kann es auch so sehen.

Eine Kreditklemme befürchte ich nicht. Einer Blitzumfrage der Industrie- und Handelskammer (IHK) in unserer Region zufolge beklagt nur eine verschwindende Minderheit die mangelnde Verfügbarkeit von Krediten und schlechtere Konditionen. Aber ich glaube sehr wohl, dass es schwieriger werden wird, Großprojekte zu finanzieren. Interessanterweise kann man das bereits erkennen – in China nämlich.

Was jedoch Anlass zur Besorgnis gibt, ist die Konjunktur. Ich habe in den letzten Tagen und Wochen viel mit Kollegen aus allen Branchen diskutiert. Das Ergebnis: Die Automobilindustrie und ihre Zulieferer erleben einen steilen Absturz, die Chemieindustrie bricht ein und der Baubereich meldet große Schwierigkeiten, die weiter zunehmen. Auch der Handel, der sowieso nie richtig aus den Startlöchern gekommen ist, fällt schon wieder zurück. Ich befürchte, dass wir in den nächsten zwei Jahren eine große Krise erleben werden. Und zwar passieren zwei Dinge: Das eine ist, dass in der Investitionsgüterindustrie ohnehin alle zehn Jahre ein deutlicher Einbruch zu verzeichnen ist – das haben langfristige Marktbeobachtungen gezeigt. Insofern haben wir den für die Jahre 2009/2010 sozusagen erwartet. Und nun kommt die Finanzkrise »on top«. Das verschärft natürlich die Lage. Wenn ich sehe, wie viele Unternehmen derzeit ihre Investitionspläne durchkämmen und Projekte zurückstellen, dann müssen wir uns warm anziehen.

Die Finanzkrise: Ursachen und Konsequenzen

Ich persönlich habe den Eindruck, dass über die Ursachen der Finanzkrise heute Abend schon viel gesagt wurde und dass wir zudem eine Menge in den Zeitungen lesen konnten. Ich wüsste aber noch einen Sündenbock: die Politiker. Denn dort, wo die Krise begonnen hat, nämlich in Amerika, haben die Politiker Rahmenbedingungen geschaffen, die dieses ganze Spiel überhaupt erst ermöglicht haben. Allerdings muss man fairerweise auch sagen, dass es genügend Käufer für die Produkte gegeben hat, die der Finanzmarkt kreiert hat. Also müssen wir uns, wenn wir von Gier und Ähnlichem sprechen, auch selbst immer wieder einmal an die Nase fassen. Ich finde jedoch, dass man nicht mit jedem und allem ein Geschäft betreiben muss. Beispielsweise gehören die angesprochenen Finanzprodukte schlicht und einfach verboten. Bei einer zu starken Regulierung sind wir allerdings sehr schnell bei der Ausschaltung der Marktwirtschaft. Da sollten wir sehr genau überlegen, ob wir uns damit nicht einen Bärendienst erweisen.

Erfolgsmodell Mittelstand

Wir Familienunternehmen – ich gehöre ja einem Familienunternehmen an – denken anders, nämlich langfristig. Das heißt, wir riskieren es auch einmal, mit einer Innovation ein paar Jahre überhaupt kein Geld zu verdienen. In unserem Unternehmen beispielsweise gibt es Produkte, die erst nach

20 Jahren Erfolg hatten. Jedes börsennotierte Unternehmen hätte diese unter dem Druck der Finanzanalysten und anderer Meinungsmacher bereits nach wenigen Jahren fallen lassen müssen.

Ein weiterer, ganz wesentlicher Faktor sind qualifizierte Mitarbeiter, um die sich heute auch börsennotierte Unternehmen kümmern müssen. Die entscheidende Frage hierbei ist: Wie organisiert man ein Unternehmen so, dass die Mitarbeiter und die Führung den Kontakt zueinander nicht verlieren, dass das Ganze noch als ein Miteinander funktionieren kann? Das ist, gerade für große Unternehmen, nicht ganz einfach, aber lösbar.

Beim Thema Kommunikation ist man als Unternehmer in einer sehr schwierigen Situation. Soll ich meinen Mitarbeitern sagen, dass wir auf eine Krise zusteuern oder nicht? Das Wichtigste für mich ist – auch unter dem ethischen Aspekt – Glaubwürdigkeit. Also muss ich die Karten offen auf den Tisch legen, auch wenn das die Krise noch verschärfen kann.

Kriterien und Maßgrößen für eine angemessene Entlohnung von Managern

Ich würde die Koppelung an den Aktienkurs und die Gewährung von Aktienoptionen schlichtweg abschaffen. In unserem Unternehmen gibt es ein bestimmtes Richtgehalt. Davon sind für den Vorstand 40 bis 50 Prozent fix. Die andere Hälfte oder auch etwas mehr ist variabel und besteht aus zwei Komponenten: Die eine bezieht sich auf betriebswirtschaftliche Erfolgsgrößen des zu absolvierenden Geschäftsjahres, die andere auf längerfristige Ziele, die auch qualitativer Natur sein können, wie zum Beispiel Personalentwicklung, Markenentwicklung und so weiter und so fort. Damit hat man sowohl den kurzfristigen Erfolgsaspekt als auch die langfristige Unternehmensentwicklung berücksichtigt.

Peter Schöffel

»Ich möchte, ohne blauäugig zu sein, meinen Mitarbeitern und Partnern eine sichere Hand, eine Vision geben, um sie damit durch die Krise zu führen.«

Die Finanzkrise und ihre Auswirkungen

Der Mittelstand ist keine Insel der Glückseligen, daher wird die Finanzkrise auch uns treffen. Aber sie wird uns anders treffen, denn jeder Mittelständler ist anders. Unser Unternehmen zum Beispiel hat in den letzten Jahren nie so gehebelt, wie es modern war, im Gegenteil. Das ist uns in Rating-Gesprächen dann angelastet und als träge ausgelegt worden. Ich dagegen habe unsere hohe Eigenkapitalausstattung immer als gutes Schlafmittel betrachtet und bin heute mehr denn je froh darum.

Ich sehe für mein Unternehmen eine Riesenchance in der Krise. Man muss sich damit abfinden, dass das leichte Wachstum vorbei ist und der Wind rauer wird. Aber die Spielregeln sind für alle gleich – oder sollten für alle gleich sein. Insofern denke ich, dass diejenigen, die nicht nur vom

Quartalsbericht leben, die gesund aufgestellt sind, gerade in schwierigen Zeiten Marktanteile dazugewinnen werden.

Erfolgsmodell Mittelstand

Der Mittelstand ist nicht Mittelmaß, er tickt nur anders. Er erarbeitet sich Wachstum aus eigener Kraft und er hat nie verlernt, Produkte statt Firmen zu verkaufen. Ich glaube nicht, dass die Mittelständler bessere Menschen sind, aber wir können die Wirtschaft wieder einfacher gestalten. Wir sind nicht die Größten, aber wir können die Schnellsten sein und vor allem können wir näher an unseren Mitarbeitern sein, kennen diese vielleicht sogar noch persönlich. Das ist eine ganz andere Bindung, in der eine Riesenchance liegt.

Aber ich möchte noch einen anderen Punkt kurz aufgreifen: Wir haben heute Abend wieder gehört, dass der Mittelstand das Rückgrat der Wirtschaft ist und alle Hoffnungen auf ihm ruhen. Das sehe ich grundsätzlich auch so, aber dann sollte die Politik auch einmal Taten folgen lassen. Nur ein Beispiel: Wie leicht tut sie sich mit den 500 Milliarden für die Banken und wie schwer mit der Erbschaftsteuerreform. Ich bin überzeugt davon, dass der Mittelstand die Krise bewältigen wird, weil er nicht nur zahlengetrieben, sondern weil er auch innovationsgetrieben ist, und weil dort der Mensch im Mittelpunkt steht. Aber dazu muss dieses ständige Ausloten der Schmerzgrenze, dieser Neid endlich aufhören. Und da nehme ich keine Partei aus. Schöne Worte höre ich von allen, aber nachvollziehbare Taten, die dem Mittelstand den Rücken freihalten, damit er sein Geschäft erfolgreich betreiben kann, fehlen mir. Wirtschaften muss wieder einfacher, unkomplizierter werden und darf nicht von Lobbypolitik geprägt sein.

Internationale Märkte

Moderation:

- *Ulrich Schäfer,* Leiter der Wirtschaftsredaktion der *Süddeutschen Zeitung.*

Experten:

- *Prof. Thomas Bauer,* Vorstandsvorsitzender der Bauer AG sowie Präsident des Bayerischen Bauindustrieverbands, Vizepräsident des Hauptverbands der Deutschen Bauindustrie, Präsidiumsmitglied der Bundesvereinigung der Deutschen Arbeitgeberverbände und Vizepräsident der Vereinigung der Bayerischen Wirtschaft.
- *Karl Haeusgen,* Sprecher des Vorstands der HAWE Hydraulik SE mit Sitz in München.
- *Prof. Dr. Michael Hüther,* Direktor und Mitglied des Präsidiums des Instituts der deutschen Wirtschaft Köln sowie Mitglied zahlreicher wissenschaftlicher Einrichtungen.
- *Martin Schulz,* Vorsitzender der Sozialdemokratischen Fraktion im Europäischen Parlament, Straßburg und Brüssel.

Martin Schulz

»Ich möchte helfen, die Europäische Union so stark zu machen, dass jedes einzelne Mitgliedsland gegen die enormen Bedrohungen, in denen wir leben müssen, besser geschützt ist als heute.«

Die Finanzkrise und ihre Auswirkungen

Ich glaube, dass die Redewendung »Die Hütte brennt« die derzeitige Situation sehr gut trifft. Wäre das nicht der Fall, wäre die Entscheidung in Brüssel auch nicht so schnell zustande gekommen. Allerdings finde ich, dass man diese außergewöhnliche Situation, in der es darum ging, das Erodieren des wirtschaftlichen Fundaments zu verhindern, auf dem die Volkswirtschaften Europas aufgebaut sind, nicht mit einer Debatte wie der bezüglich der Erbschaftsteuer – die sicherlich für alle Seiten ärgerlich ist – vergleichen kann. Man muss sehen, dass es sich bei den getroffenen Entscheidungen um einen wirklichen Rettungsplan handelt, um die Basis unseres gesamten Wirtschaftens nicht zu zerstören, beziehungsweise zerstören zu lassen. In diesem Fall haben meiner Meinung nach die so häufig gescholtenen Politiker in allen Ländern der Europäischen Union sehr effektiv gearbeitet.

Insbesondere gilt das, wenn man einmal die Summe, welche die Staaten der Eurozone insgesamt aufwenden, mit derjenigen vergleicht, welche die Vereinigten Staaten von Amerika aufgewendet haben. Europa stellt deutlich mehr Geld für Bürgschaften, Rückversicherungen und unmittelbare Liquiditätshilfen zur Verfügung – noch dazu in einer Art und Weise, die gezeigt hat, was eine europäische Regierung ist: eine schnell handelnde, unter dem Druck der tatsächlichen Verhältnisse auch zur Entschlossenheit bereite Versammlung von Regierungschefs, die für die gesamte Europäische Union Entscheidungen getroffen haben, die zu einer Neuordnung nicht nur der ökonomischen, sondern auch der politischen Beziehungen weltweit führen werden. Und das sage ich als jemand, der den schwerfälligen Apparat in Brüssel kennt.

Die Finanzkrise: Ursachen und Konsequenzen

Ich hätte mir gewünscht, dass sich die Erkenntnis »Wir brauchen mehr staatliche Kontrolle, mehr Aufsicht und mehr Transparenz« schon früher durchgesetzt hätte – und nicht erst unter diesen Umständen. Aber Sie werden verstehen, dass mich die Tatsache, dass sozialdemokratische Ideen wieder in Mode kommen, nicht traurig stimmt. Allerdings sind die Rahmenbedingungen nicht dazu angetan, ideologische Debatten zu führen. Mich stört, dass jetzt ständig darüber diskutiert wird, ob wir nach dem Ende des real existierenden Sozialismus nun das Ende des real existierenden Kapitalismus erleben. Im Moment geht es doch vor allem darum, einen Zusammenbruch zu verhindern, der viele Existenzen vernichten würde. Deshalb müssen wir uns darauf konzentrieren, den Interbankenverkehr wieder in Gang zu bringen und die Auswirkungen auf die Realwirtschaft so gering wie möglich zu halten. Die ideologischen Debatten können wir dann im Wahlkampf führen.

Lassen Sie mich noch etwas zur internationalen Entwicklung sagen: Ich teile die Auffassung, dass man die internationalen Finanzmärkte von den – ich nenne sie jetzt einmal so – traditionellen industriellen Märkten und Dienstleistungsmärkten trennen muss. Denn wir haben an den Finanzmärkten eine Entwicklung beobachtet, die ich an einem praktischen Beispiel beschreiben möchte: Der Pensionsfonds der kalifornischen Lehrergewerkschaft hat versucht, Aktien einer europäischen Luftfahrtgesellschaft zu kaufen. Glücklicherweise waren das keine Alitalia-Aktien, sonst wäre nun eine ganze Generation von Lehrern in Kalifornien im Alter auf Sozialhilfe angewiesen. In diesem Zusammenhang stellt sich die Frage, wie es möglich ist, dass Leute, denen die Altersversorgung Tausender Menschen anvertraut ist, mit Luftfahrtaktien auf einem anderen Kontinent handeln können, ohne dass das irgendjemand kontrolliert. Warum gibt es keine internationalen Regeln hierfür? Ein weiteres Beispiel: Wenn große Banken ihren Anlegern empfehlen, in Grundnahrungsmittel zu investieren, weil nichts so schnell steigt wie die Lebensmittelpreise, dann muss derjenige, der sein Geld dort anlegt, logischerweise ein Interesse an der Verknappung von Lebensmitteln haben, weil die Preissteigerung sein Gewinn ist. Das aber ist die billigende Inkaufnahme von Hunger in bestimmten Regionen dieser Welt um des Profits willen. Deshalb finde ich die Renaissance sozialdemokratischer Ideen gar nicht so schlecht – auf die Gefahr hin, dass ich ein wenig altbacken wirke.

Die Gehälter-Debatte: Ist es sinnvoll, die Bezüge von Managern zu kürzen oder zu deckeln?

Ich wohne in meiner Heimatstadt in einer Straße, in der viele einfache Menschen wohnen. Mein Nachbar ist Postbote, verheiratet, zwei Kinder. Er bekommt den Post-Mindestlohn – das sind, wenn ich richtig informiert bin,

1.680 Euro im Monat. Seine Wohnung kostet 700 Euro warm. Dieser Mann wird in Mithaftung genommen, wenn das, was wir beschlossen haben, nicht funktioniert – so wie alle anderen Bürgerinnen und Bürger dieses Landes auch. Und die meisten von ihnen werden in ihrem Leben – auch hier in München – nicht annähernd das verdienen, worüber wir als Begrenzung für Bankvorstände reden, deren Institute Staatshilfen benötigen. Das sollte man berücksichtigen, wenn man in diesem Zusammenhang über Gerechtigkeit redet.

Ein zweiter Punkt: Die Bundeskanzlerin dieses Landes – man kann sie mögen oder nicht – verdient von Amts wegen knapp 300.000 Euro im Jahr. Das sind 200.000 Euro weniger als die gerade angesprochenen Bankvorstände erhalten werden, die trotzdem noch das Doppelte von dem bekommen, was der Bundesfinanzminister pro Jahr verdient. Wir müssen auch irgendwann einmal anfangen, die Kirche im Dorf zu lassen.

Die Rolle der Rating-Agenturen

Wir, die Fraktion der Sozialdemokraten Europas, haben heute der Europäischen Gemeinschaft eine Frist bis Dezember gesetzt, uns einen Richtlinienentwurf über die Grundlagen von Rating-Agenturen und deren Arbeit vorzulegen. Es muss transparent sein, wem sie gehören und nach welchen Kriterien sie die Bewertungen in den unterschiedlichen Segmenten des Marktes vornehmen. Und es ist wichtig, dass dieses Thema – als eine erste Konsequenz – nicht mehr national, sondern auf europäischer Ebene und damit verbindlich für alle EU-Mitgliedstaaten geregelt wird. Allerdings wird dieser Prozess sicher nicht im Dezember abgeschlossen werden können.

Die Kommunikationsstrategie der Politik

Ich glaube, dass in einem Land wie der Bundesrepublik Deutschland das Bedürfnis nach Rückversicherung durch den Staat enorm hoch ist, denn die Weltwirtschaftskrise von 1929 hat in keinem Land dramatischere politische Auswirkungen gehabt. Sie ist ein Stück unseres nationalen Erbes. Und ich denke, dass uns genau diese Rückversicherung gelungen ist, indem wir gesagt haben, wir sind im Gegensatz zur Weimarer Republik ein starker Staat, der dieser Krise gewachsen ist. Auch über die Frage nach den Schuldigen reden wir, wenn wir eine Obergrenze für die Gehälter von Bankvorständen vorsehen, deren Banken staatliche Hilfe in Anspruch nehmen. Und damit ist doch die Botschaft verbunden: Wir ziehen die Verantwortlichen zur Verantwortung.

Die Rolle der Medien

Es ist – seien wir doch einmal ganz offen – das Geschäft der Medien, möglichst aktuelle Nachrichten zu verkaufen. Also müssen diese produziert werden. Das macht es oftmals schwierig, zu differenzieren, und ist auch einer der Gründe, warum wir nicht über China geredet haben, obwohl es die Chinesen, Inder und Brasilianer waren, die den Währungsfonds mit den Geldern ausgestattet haben, die er braucht, um der Finanzkrise zu begegnen. Ich erlaube mir deshalb zu sagen: Wir befinden uns meiner Einschätzung nach an der Schwelle zu einer Neuordnung der Welt.

Prof. Thomas Bauer

»Mein Beitrag besteht darin, das Unternehmen, das mir anvertraut ist, solide weiterzuführen, sodass wir die Krise, die sicher ein Stück weit kommen wird, gut bewältigen können.«

Die Finanzkrise und ihre Auswirkungen

Unser Unternehmen spürt, Gott sei Dank, noch nichts von der Krise, weil wir sehr international aufgestellt sind. Wenn man jedoch mit Kollegen spricht, dann werden die Auswirkungen sehr deutlich – da werden Investitionen verschoben oder sogar zurückgefahren. Aber auch wir haben – das muss man ganz klar sagen – aus Vorsichtsgründen unsere Investitionsplanung für das nächste Jahr zurückgenommen. Ich bin nämlich der Meinung, dass wir 2009 eine deutlich schwierigere Situation erleben werden, als wir bisher glaubten. Allerdings hoffe ich immer noch, dass sich die Lage durch die beschlossenen Stabilisierungsmaßnahmen für die Banken etwas normalisiert. Trotzdem ist eines klar: Es liegen schwere Jahre vor uns.

Was unser Unternehmen angeht, so waren die guten Zahlen der letzten Jahre durch das Entstehen gigantischer zusätzlicher Märkte – China, Russland, alle Fernostländer, Indien und sämtliche arabische Länder – mit einem erheblichen Wachstum begünstigt. Das heißt, wir sind hier auf einer

Welle geschwommen und hatten dadurch bedeutend mehr Spielraum. Wären wir, wie viele meiner Konkurrenten, nur in Deutschland geblieben, wären wir mit 99-prozentiger Sicherheit heute ebenfalls pleite. Wir hätten praktisch keine Überlebenschance gehabt.

Nur über die internationalen Märkte waren wir in der Lage, dieses gewaltige Wachstum zu realisieren. Wie aber wird sich das in den nächsten Jahren weiterentwickeln? Es gibt Länder, in denen eine Sonderkonjunktur besteht und auch weiterhin bestehen wird. Das sind vor allem die Länder, die über Ressourcen wie Eisenerz, Öl et cetera verfügen. Daneben gibt es aber auch solche, die unter der Krise schwer leiden werden. Man muss als Unternehmer jetzt einfach versuchen, eine Balance zu finden – und ich glaube, dass wir das schaffen –, sodass wir mit plus/minus 0 Prozent Wachstum die nächsten Jahre überstehen.

Wir befanden uns auch vor zehn Jahren mittendrin im Sturm. Damals, im Jahr 1989, war unsere Situation folgende: Als die damalige Finanzkrise im Fernen Osten begann, machten wir dort etwa 30 Prozent unseres Umsatzes – mit unserem Maschinenbau sogar 50 Prozent. Und wir mussten erleben, wie dieser Umsatz innerhalb von drei Monaten um die Hälfte schrumpfte. Das waren immerhin 25 Prozent vom Gesamtumsatz, die man dann in allen Strukturen auffangen musste, das heißt Werke zurückfahren und Personal abbauen. Im Baubereich sah es ganz ähnlich aus.

Auch diese Krise wurde durch die Bankenwelt ausgelöst: durch eine »Hausfrauenbörse«, an der nur noch spekuliert und überhaupt nicht mehr vernünftig gehandelt wurde.

Schließlich ist sie zusammengebrochen – mit Folgen, die schlimmer waren als alles, was wir heute befürchten müssen. In Ländern wie Thailand, Indonesien, Malaysia oder den Philippinen hat von einem Tag auf den anderen kein Unternehmen mehr eine Zahlung geleistet. Man hat einfach kein Geld bekommen – und auch keines bezahlt. Man betrieb die Unternehmen praktisch nur noch mit Bargeld, über das man noch verfügte, weil das gesamte Finanzsystem völlig zusammengebrochen war. Deshalb ist es gut, dass wir diese Stützungsaktionen haben. Ich halte sie zwar ebenfalls für marktwirtschaftlich schwer verkraftbar, aber wir haben gar keine andere Wahl.

Die Finanzkrise: Ursachen und Konsequenzen

Jetzt heißt es immer öfter, der Markt arbeitet nicht richtig, wir müssen ihn mehr regulieren, um ihn wieder in seine Schranken zurückzuführen. Hier bitte ich zu unterscheiden zwischen dem Markt, für den die Banken verantwortlich sind, und dem, für den die Wirtschaft, die produzierende Industrie, verantwortlich ist. Diese Krise, die wir im Moment erleben, ist einzig und allein das Problem der Bankenwelt, hervorgerufen durch ein völlig unverantwortliches, rücksichtsloses Tun. Diese Arroganz, alles zu wissen und bestimmen zu können, jedes Risiko eingehen zu können, musste in einer Katastrophe enden. Deshalb noch einmal: Die vielen Unternehmen, die etwas produzieren und verkaufen, die solide Geschäfte machen – und dazu gehört auch Verantwortung –, haben mit dieser Sache zumindest schuldhaft nichts zu tun. Dort funktioniert die Marktwirtschaft.

Wer weiß, wie diese Kredite in Amerika verkauft wurden, der weiß auch, dass die Menschen dort massiv hinters Licht geführt worden sind. Das ist schlicht die Wahrheit. Was da passiert ist, war Zockerei mit völlig überzogenen Gewinnerwartungen, und das muss auch wieder zurückgeführt werden. Dabei spreche ich aber nicht der Regulierung das Wort, denn wer den Menschen durch zu viel Regulierung die Verantwortung entzieht, darf sich nicht wundern, wenn sie dann nicht mehr verantwortlich handeln, beziehungsweise handeln können. Hier bedarf es größter Vorsicht. Natürlich ist es richtig, dass der Staat im Moment hilft, das System wieder in Ordnung zu bringen, aber wir dürfen nicht dahin abgleiten, alles regulieren zu wollen. Das nämlich würde dazu führen, dass es noch schlimmer und nicht besser wird.

Die Gehälter-Debatte: Ist es sinnvoll, die Bezüge von Managern zu kürzen oder zu deckeln?

Wir haben vor ein paar Jahren unsere Firma in eine AG umgewandelt, weil wir an die Börse gehen wollten. Und plötzlich stellte ich fest, dass mein auf Lebenszeit angelegter Geschäftsführervertrag nicht mehr weitergeführt werden durfte. Ich war nun einer, der auf fünf Jahre bestellt ist und dann hoffen muss, wieder bestellt zu werden. Das hat mich damals fast verletzt, weil ich mich immer als den obersten Diener dieses Unternehmens gesehen habe und nicht als irgendeinen Berater, der ein Beraterhonorar bezieht. Diese meines Erachtens falsche Regelung führt auch zu den umstrittenen Abfindungen: Wenn man jemanden, der einen

Fünf-Jahres-Vertrag abgeschlossen hat, nach einem Jahr entlassen möchte, weil er die Erwartungen nicht erfüllt, muss man ihn trotzdem für die restlichen vier Jahre bezahlen – so will es das Gesetz. Vielleicht sollte man einmal im Zuge der Gehälter-Diskussion darüber nachdenken, ob es nicht auch mit Vorständen ganz normale Verträge geben darf – abgeschlossen auf Lebenszeit, mit Kündigungsregelungen und einem Gehalt. Wie soll denn jemals Loyalität und Verantwortungsbewusstsein entstehen, wenn nur ein Vertrag über fünf, bald vielleicht nur noch über drei oder zwei Jahre abgeschlossen werden darf? Das ist übrigens eine Aufgabe, keine Schuldzuweisung – eine Aufgabe der Politik, dies im Sinne der Unternehmen zu ändern.

Des Weiteren steht in den Corporate-Governance-Grundsätzen, dass die Gehälter von Vorständen zwingend an den Aktienkurs anzubinden sind. Ich halte das für falsch. Ich bin der Meinung, dass der oberste Chef eines Unternehmens dieses so führen sollte, dass es auf Dauer erfolgreich ist – und nicht nur in dem Jahr, in dem er seine Tantieme bekommt. Ich gönne jedem Vorstand ein Super-Gehalt, aber es sollte sich daran orientieren, was der Betreffende für die langfristige Entwicklung des Unternehmens leistet. Das jetzige System setzt falsche Anreize und sollte daher überarbeitet werden.

Kriterien und Maßgrößen für eine angemessene Entlohnung von Managern

Meiner Ansicht nach liegt das größte Problem darin, dass man es sich heute zu einfach macht, indem man sagt: »So hoch ist der Aktienkurs gestiegen und daraus resultiert die

Entlohnung x.« Im Hinblick auf die Kriterien würde ich dem Aufsichtsrat deutlich mehr Entscheidungsfreiheit lassen, denn wir erleben doch gerade, wie schnell die Aktienkurse aufgrund äußerer Einflüsse steigen und fallen. Dementsprechend sehen wir, was für ein schlechtes Instrument die Koppelung der Managergehälter an den Aktienkurs des Unternehmens ist. Ich plädiere nicht dafür, dies komplett abzuschaffen, aber diesen maßgeblichen Einfluss, den es bei uns hat, halte ich für grundsätzlich falsch. Er führt nämlich genau dazu, dass Entscheidungen getroffen werden, die nur einem Zweck dienen: den Aktienkurs entsprechend zu steuern. Ich bin selbst Vorstand einer Aktiengesellschaft, die an der Börse notiert ist. Wenn ich wollte, dass der Kurs meines Unternehmens morgen um 15 Prozent steigt, dann können Sie davon ausgehen, dass ich wüsste, wie man das erreicht. Aber das ist doch nicht in Ordnung, deshalb bin ich der Meinung, dass hier andere Kriterien gelten sollten.

Ich möchte aber noch etwas zum Thema Verantwortung ergänzen, weil mir das wirklich wichtig ist: Ich verstehe überhaupt nicht, dass es in Amerika nicht einen Top-Banker gegeben hat, der sagte: »Schluss, das muss aufhören!« Ich bin sehr enttäuscht, dass dieses Verantwortungsbewusstsein an keiner einzigen Stelle aufgetreten ist. Das Schlimme jedoch ist, dass dies auch in Zukunft wieder passieren wird, selbst wenn man jetzt entsprechende Regelungen trifft. Es wird immer ein Schlupfloch geben und genau das wird ausgenutzt. Deshalb ist es von so großer Bedeutung, wieder mehr Verantwortlichkeit in das System zu bringen – damit derjenige, der erkennt, dass etwas unerträglich ist, sich so laut zu Wort meldet, dass man es abstellt.

Prof. Dr. Michael Hüther

»Wir werden das, was wir im Institut begonnen haben, nämlich Schülerprojekte anzubieten, weiterbetreiben und intensivieren. Denn dort können Schüler die Übernahme von Verantwortung und Freiheitsfähigkeit lernen. Ich glaube, das ist auch etwas, das zur allgemeinen Wertebildung beiträgt.«

Die Finanzkrise: Ursachen und Konsequenzen

Mit dem Begriff »Subprime-Krise« ist der Ausgang der jetzigen Finanzmarktkrise richtig beschrieben. Allerdings ist in diesem Zusammenhang auch der Hinweis wichtig, dass jene ohne die Intervention des amerikanischen Staates erst gar nicht zustande gekommen wäre. Er hat nämlich über die Hypotheken-Refinanzierer Fannie Mae und Freddie Mac genau diese Hypotheken subventioniert. Im Grunde war das ein Programm zur massenhaften Vermögensbildung in Arbeitnehmerhand, wie wir das hier früher genannt haben: Für jeden ein Häuschen, egal ob er es sich leisten kann oder nicht. Auch die konjunkturorientierte Geldpolitik in den USA hat dazu beigetragen, dass diese Kredite überhaupt möglich wurden, die dann, als die Zinsen angehoben werden mussten, sehr schnell nicht mehr bedient werden konnten. Und drittens hat es auch mit Fehlregulierung zu tun. Eigentlich ist eine Hypothek im Privatbereich gar nicht für eine Verbriefung geeignet. Diese hat doch folgende Idee: Eine Bank vergibt einen Kredit an einen Kreditnehmer. Als seine Hausbank kennt sie ihn, hat vorher ein Rating vorgenommen und kann dementsprechend das Risiko einschätzen. Und sie kann mit dem

Kreditnehmer in der laufenden Kreditbeziehung immer auch sprechen. Diese Form der Risikoeinflussnahme kann man jedoch nicht verbriefen – im Gegensatz zum allgemeinen volks- oder weltwirtschaftlichen Risiko.

Voraussetzung ist zudem, dass überhaupt diese Form der Kundenbeziehung besteht. In den USA sind diese Hypotheken jedoch von irgendwelchen Maklerbüros vergeben worden, die das – wie wir es nennen – Monitoring des Kredits weder übernehmen wollten noch konnten. Dann ist dieser Kredit komplett weiterverkauft und in eine neue derivative Struktur für Zweckgesellschaften gegossen worden, ohne dass jemand einen Selbstbehalt hat vornehmen müssen. Damit wurde ein in der Marktwirtschaft elementares Prinzip zerstört, nämlich das Haftungsprinzip. Hier übernimmt derjenige, der an entscheidender Stelle mitgewirkt hat, keine Haftung mehr und damit ist die gesamte Verbriefungsstruktur desavouiert worden. Und wenn jetzt die Europäische Kommission und Finanzminister Steinbrück vorschlagen, einen Selbstbehalt für die Ausgangsbank sowie für die an der weiteren Verbriefung beteiligten Institutionen einzuführen, dann ist das richtig. Das ist auch der eigentliche Lerneffekt. Denn man kann davon ausgehen, dass zukünftig keiner mehr solche Finanzprodukte kauft.

Insofern sollten wir bei der Frage nach mehr Regulierung sehr genau hinschauen, wo die Ursache lag. Denn eine allgemeine beziehungsweise systemische Misstrauensinfektion lässt sich ebenso wenig erkennen wie einzelne Regulierungsprobleme. Es ist aber offensichtlich, dass die IFRS-Regeln eine Beschleunigung des Abschreibungsbedarfs bewirken, obwohl dieser auf einem rein fiktiven Vorgang beruht. Deswegen ist die Überlegung, diese Bilanzierungsregel auszusetzen, ebenfalls richtig.

Der dritte Punkt ist dann die bereits angesprochene Finanzaufsicht. Wir haben in Europa keine wirklich koordinierte Finanzaufsicht. Das sollten wir ändern. Allerdings sollten wir deren Aufgaben ganz genau identifizieren, denn wir haben keinen Markt, der einer großen Regulierung bedarf. Wir werden deshalb die richtigen Regulierungsantworten nur finden, wenn wir die sehr konkreten Effekte, die am Anfang der Problemkette standen, ebenso konkret beschreiben.

Dazu vielleicht noch ein wichtiger Gedanke: Niemand wurde gezwungen, Aktien einer Fluggesellschaft zu kaufen beziehungsweise Hypotheken aufzunehmen, die bei Lichte besehen nie hätten aufgenommen werden dürfen. Insofern sollten wir nicht ständig so argumentieren, als trage nur der Unternehmer die Verantwortung, aber der Konsument (beziehungsweise der Anleger) nicht. Er trifft jeden Tag eine Vielzahl von Entscheidungen und steuert damit das System. Die marktwirtschaftliche Ordnung ist vom Konsumenten her gedacht. Und wenn wir ihm seine Verantwortung nicht zubilligen, dann wird das System nicht funktionieren. Es ist auch eine Eigenverantwortung der Menschen gefragt. Wir können nicht immer alle zum Opfer machen, sondern müssen jedem, der kompetent entscheidet, auch zumuten, dass er die Konsequenzen für sein Handeln trägt – es sei denn, er wurde hinters Licht geführt oder es gab keine Vertragsfreiheit.

Die Gehälter-Debatte: Ist es sinnvoll, die Bezüge von Managern zu kürzen oder zu deckeln?

Ich stimme im Kern zu, dass die permanente Verkürzung der Vertragslaufzeit – zuletzt auf drei Jahre – nicht zielführend ist. Aber warum gehen wir davon aus, dass über einen Zeitraum von fünf Jahren keine Loyalität entstehen kann? Wie viele befristete Arbeitsverträge muten wir unseren anderen Mitarbeitern zu und erwarten dennoch, dass sie sich dem Unternehmen gegenüber loyal verhalten – auch wenn es sich dabei nur um Zwei-Jahres-Verträge handelt? Das ist doch letztlich auch eine Frage, wie man die Mitarbeiter einbindet, also der Unternehmenskultur. Ich finde es leichtfertig, wenn wir sagen, wir können von jemandem, der auch noch gut dafür bezahlt wird, nicht erwarten, dass er über einen Zeitraum von fünf Jahren eine Loyalität entwickelt. Auch diese Diskussion müssen wir ein bisschen vorsichtiger führen, denn die Befristung ist aus guten Gründen ein Institut, das wir nicht so einfach über Bord werfen sollten.

Erfolgsmodell Mittelstand

Wir können in der Tat feststellen, dass die Generationenperspektive, die in einem Familienunternehmen automatisch gegeben ist, einen hohen Wert darstellt, der auch zu einer langfristigeren Erfolgsperspektive führt. Wir haben aktuell ein Gutachten zum Thema Familienunternehmen erstellt und im Rahmen dessen auch die Bilanzdaten analysiert. Diese sind weniger volatil, stetiger und damit auf lange Sicht gesehen auch erfolgreicher.

Es wird ja immer gesagt, dass in Deutschland vieles ein bisschen rückständig ist. Wir sind rückständig, weil unser Bankensystem auf drei Säulen beruht, weil wir in der Unternehmensfinanzierung so bankbasiert sind, und schließlich weil wir so viele kleine mittelständische Unternehmen haben. Diese Fehleinschätzung wird sich nun im Rahmen der Krise korrigieren.

Die Rolle der Rating-Agenturen

Ich finde es völlig richtig, dass über Rating-Agenturen diskutiert und das Geschäftsmodell grundsätzlich hinterfragt wird. Denn derzeit bezahlt derjenige das Rating, der geratet wird. Im Grunde ist das Rating aber eine Art Clubgut oder öffentliches Gut, das bereitgestellt wird. Ich denke, man muss sehr genau überprüfen, ob man das Rating nicht ganz anders organisiert, ohne dass ich eine abschließende Meinung dazu habe, wie. Aber ich könnte mir zum Beispiel vorstellen, dass man der Finanzaufsicht eine Tochtergesellschaft unterstellt und diese unabhängige Einrichtung über eine Umlage, also im Grunde aus dem Steuertopf, finanziert. Das jetzige Geschäftsmodell jedenfalls ist aufgrund der Krise gründlich auf den Prüfstand zu stellen.

Karl Haeusgen

»Ich möchte gelassen und mit viel positiver Energie sehr, sehr gute Hydraulikprodukte verkaufen.«

Die Finanzkrise und ihre Auswirkungen

Ich finde es ein bisschen schade, dass wir schon so viel Zeit mit der Finanzmarktkrise verbraucht haben, obwohl unser Thema eigentlich der Standort Deutschland und die Internationalisierung lautet. Aber auch ich muss dazu noch einen Satz sagen: Ich finde es verblüffend, dass nun selbst diejenigen mehr Regulierung fordern, die bisher konsequent ordnungspolitisch liberal eingestellt waren. Jetzt heißt es, der Markt hätte versagt und hier müsste ein starker Staat eingreifen – mit einem Mehr an Regulierung. Das ist meines Erachtens eine völlig falsche Analyse, denn die Finanzmärkte gehören bereits jetzt zu den am stärksten regulierten Märkten – nur das Gesundheitswesen ist in Deutschland noch stärker reguliert. Es handelt sich also vor allem um ein nationales Regulierungsversagen. Deswegen sollte man meiner Meinung nach sehr vorsichtig mit dem Ruf nach dem starken Staat sein.

Denn ohne einen gewissen Grad an Freiheit würde es die internationalen Märkte nicht geben. Und ich glaube, dass wir – bei allen Defiziten – diesen Grad, insgesamt betrachtet, schon ganz gut gefunden haben. Natürlich gibt es sowohl überregulierte als auch unterregulierte Bereiche. Das rechtfertigt aber nicht, sozialdemokratische Fantasien auszuleben und einem amerikanischen Pensionsfonds verbieten zu wollen, in eine europäische Luftfahrtgesellschaft zu investieren. Das führt uns auf einen Weg, der das Ende der freien internationalen Wirtschaft bedeuten würde, die uns allen, unseren Mitarbeitern und unseren Familien einen unglaublichen Wohlstand beschert hat.

Ansonsten muss ich sagen, dass wir uns im Mittelstand sehr frei bewegen können. Darüber bin ich auch sehr froh, denn die Vorstellung, bei jeder Beiratssitzung jemanden von der deutschen Maschinenbauaufsicht mit am Tisch zu haben – wie das ja bei den großen Geschäftsbanken der Fall ist, dort ist bei jeder Aufsichtsratssitzung jemand von der Bankenaufsicht dabei –, finde ich schrecklich.

Die Finanzkrise: Ursachen und Konsequenzen

Ich glaube, und das sage ich ganz ohne jedes Banker-Bashing, dass Katharsis im Bankenbereich angebracht ist. Wer waren denn in den letzten Jahren die Helden? Waren das wirklich die braven Firmenkundenbetreuer? Oder waren es nicht doch die Derivate-Händler und Investmentbanker? Sollte man da nicht vielleicht ein wenig länger reflektieren? Und schauen wir uns doch das Firmenkundengeschäft einmal an: Das auf langjährigem Vertrauen basierende Hausbankgeschäft wurde vor einigen Jahren von den meisten Geschäftsbanken aufgekündigt. Heute ist der Firmenkundenbetreuer nur noch eine Benutzeroberfläche, hat aber selbst nichts mehr zu entscheiden. Reflexion und Katharsis – ich meine, jetzt ist der richtige Zeitpunkt dafür gekommen.

In diesem Zusammenhang noch ein Wort zu den Politikern: Dass auf diese Gruppe immer eingeprügelt wird, finde ich völlig falsch. Denn ich habe wirklich großen Respekt vor dem, was Politiker leisten, und finde sie völlig unterbezahlt. Würde ich das Gehalt von unserem Finanzminister oder auch Frau Merkel bestimmen, würden beide das Doppelte oder Dreifache erhalten, denn die Tatsache, dass Herr Steinbrück weniger verdient als ein guter Abteilungsleiter bei Siemens, finde ich außerordentlich bedauerlich.

Herausforderung Internationalisierung

Für mich ist Internationalisierung nur möglich, wenn ich von einer gesunden und starken Heimatplattform aus agieren kann. Und damit bin ich wieder einmal bei meinem Lieblingsthema, der Erbschaftsteuer. Denn wenn wir über eine starke Heimatplattform reden, ist sie für den Mittelstand, der nun einmal zum Großteil aus Familienunternehmen besteht, ein wichtiger Faktor. Natürlich ist es richtig, dass die Art und Weise, wie jetzt in der Finanzmarktkrise agiert worden ist, nicht vergleichbar ist mit dem Gesetzgebungsverfahren bei der Erbschaftsteuer. Dennoch halte ich es für ein Armutszeugnis, dass es der Großen Koalition innerhalb von drei Jahren nicht gelungen ist, eine solche Bagatellsteuer neu zu fassen. Die Erbschaftsteuer ist nämlich von ihrem Aufkommen her, vor allem wenn man von den Einnahmen die Erfassungskosten abzieht, eine echte Bagatellsteuer – eine Steuer, die für den Haushalt völlig unerheblich ist. Es kann also nicht am Geld liegen, dass sich die Reform mittlerweile über drei Jahre hinzieht. Es kann auch nicht an der Thematik liegen, denn so komplex ist diese nicht. Demnach liegt es ausschließlich an der Psychologie, daran, dass sich in dieser – freundlich formuliert – Gerechtigkeitsdiskussion oder – unfreundlich formuliert – Neiddiskussion kein Politiker traut, öffentlich zu sagen: »Das ist eine Bagatellsteuer, lasst sie uns abschaffen!«

Wenn man einmal mit Politikern unter vier oder sechs Augen redet – über den Verband ist das manchmal möglich –, hört man, dass die Abschaffung gar kein so unvernünftiger Vorschlag ist, der sich aber eben nicht durchsetzen lässt. Würde jemand das öffentlich fordern, wäre er als Politiker erledigt. Wahrscheinlich würde er von der Wirtschaftspresse zerfetzt werden. Man kann diesen Vorschlag nicht machen, deshalb schleppt sich das Ganze seit drei Jahren dahin.

Die Kommunikationsstrategie der Politik

Wir haben diejenigen, die kommunizieren, und diejenigen, die multiplizieren. Und oft sind es die Multiplikatoren, also die Medien, die eine eigentlich vertrauenerweckende Botschaft wieder kaputt machen. Bei uns sind gute Nachrichten leider schlechte Nachrichten und schlechte Nachrichten gute. Das scheint mir ein wichtiger Punkt zu sein.

Die Rolle der Medien

Hätten auch die Medien die eine oder andere Entwicklung kritischer begleitet, dann wäre vielleicht manches verhindert worden. Trotzdem glaube ich, dass wir ein Wahrnehmungsproblem haben: Wir nehmen einfach das Negative, das Sensationelle stärker wahr als das Korrekte oder Gute. Wenn zum Beispiel ein Unternehmer eine Grundschule fördert, dann ist das eine ziemlich langweilige Meldung. Wenn er aber mit seinem Auto betrunken einen Hund totfährt, dann ist das schon sehr viel spannender. Ich finde auch, dass mehr Kritik an mancher Stelle gut täte, aber mehr Ausgewogenheit zwischen guten und schlechten Nachrichten wäre ebenfalls wichtig.

Gesellschaftliche Verantwortung

Moderation:

- *Dr. Alexandra Borchardt,* Chefin vom Dienst in der Wirtschaftsredaktion der *Süddeutschen Zeitung*.

Experten:

- *Prof. Dr. Dr. Ulrich Hemel,* geschäftsführender Gesellschafter der Strategie und Wert Beratungs- und Beteiligungs-GmbH sowie Direktor des Instituts für Sozialstrategie in Laichingen.
- *Dr. Dr. Thomas Rusche,* alleiniger geschäftsführender Gesellschafter des Herrenausstatters SØR Rusche GmbH, führt das Familienunternehmen in der vierten Generation. Er ist zudem Kurator des Hans-Jonas Zentrums, Berlin und als Gründungsmitglied Leiter der angeschlossenen Forschungsgruppe Ethik und Wirtschaft im Dialog (EWD).
- *Johannes Schwörer,* geschäftsführender Gesellschafter der Schwörer Haus KG sowie Präsident des Hauptverbands der Deutschen Holz und Kunststoffe verarbeitenden Industrie und verwandter Industriezweige (HDH).

Prof. Dr. Dr. Ulrich Hemel

»Ich beteilige mich an dem Projekt ›Orientierung im Berufe-Dschungel‹, weil ich dazu beitragen möchte, dass die junge Generation ein besseres Verständnis für Wirtschaft bekommt. Ich glaube, dass wir nur dann generationenübergreifend Verantwortung lernen können und erkennen, dass Kooperation und Wettbewerb zwei Seiten der gleichen Medaille sind.«

Die Schuldigen der Finanzkrise

Ist es wirklich genug, zu sagen »Wir schicken einige Banker in die Wüste und damit hat sich's«? In der Bibel gibt es die wunderbare Einrichtung des Sündenbocks – ein Ziegenbock, dem man so ein Bündel aufbürdet und ihn dann in die Wüste schickt. Das war eine frühe Form des Outsourcings von Gewissen. Dieses Outsourcing ist jedoch gefährlich. Es ist natürlich praktisch, wenn wir als Gesellschaft hinterher sagen können »Wir waren es ja Gott sei Dank nicht«, aber es ist zu einfach, das nur den Bankern anzulasten. Es ist zu leicht, nur die Manager-Kaste gewissermaßen in Haftung zu nehmen, denn hinter jedem Manager, jedem Banker steht ein Aufsichtsrat und hinter jedem Aufsichtsrat stehen Gesellschafter, die Rendite erwarten. Heute Abend sind viele Gesellschafter anwesend, insofern sitzen wir hier mit im Boot.

Es kann auch nicht angehen, dass wir als Gesellschaft in den letzten 50 Jahren unseren Kindern und Jugendlichen predigen »Sieh zu, dass du so viel wie möglich herausholst« und uns dann über einen starken, teilweise auch egozentrischen Individualismus, also den Trend zu einer unsolidarischen Gesellschaft, wundern. Ist es denn wirklich verwunderlich, dass Menschen wie Söldner handeln, wenn wir sie zu solchen erziehen? Ich kann nur sagen, wir befinden uns in einer Verantwortungsgemeinschaft und wir dürfen uns diesem alttestamentarischen Brauch, einen Sündenbock zu suchen, nicht anschließen. Wir müssen uns vielmehr immer wieder fragen: Was können wir, was kann ich als Einzelner tun?

Und ich meine damit durchaus auch sehr professionelle Dinge. Ich habe mich immer gewundert, warum in diesen Zeiten nicht viel intensiver über die Frage diskutiert wird, ob wir über die Bundesanstalt für Finanzdienstleistungsaufsicht (BaFin) hinaus auch eine »EuroFin« haben sollten. Natürlich verstehe ich, dass wir nicht einem Land das Risiko für alle Länder Europas aufbürden können. Aber warum fangen wir nicht wenigstens an, Baustein für Baustein zu fragen und Baustein für Baustein zu entfalten, welche Aufgaben eine solche EuroFin-Behörde übernehmen könnte?

Der Mittelständler als Gutmensch?

Ob Mittelständler die besseren Menschen sind, bezweifle ich natürlich. Denn das wäre im Laufe der Geschichte aufgefallen und es hätte eine Massenflucht hin zum Mittelstand eingesetzt. Was aber sicher richtig ist: Mittelständler haben eine Generationenverantwortung. Sie fühlen sich ihrer Familie verbunden und wollen das, was sie von der vorhergehenden Generation erworben haben, unbedingt weiterentwickeln und ihrerseits weiterreichen. Allein diese Überlegung, dass ich mit meinem Handeln möglicherweise die Arbeit von mehreren Generationen vernichte, macht vorsichtig. Weiterhin besteht im Mittelstand ein stillschweigender Konsens über – hochtrabend ausgedrückt – ein ethisches Minimum, ein gemeinsames Verständnis darüber, was sich gehört und was sich nicht gehört. Was das im

Einzelnen genau ist, ist natürlich eine Frage der Unternehmenskultur.

Beides zusammen bewirkt, dass sich die Mitarbeiter auf eine gewisse Langfristigkeit einstellen können. Sie identifizieren sich mit dem Unternehmen und sie bringen sich ein. Ich habe schon erlebt, dass Mitarbeiter, die krank sind, zur Arbeit kommen und man ihnen sagen muss: »Hör mal zu, du bist krank. Geh nach Hause und kurier dich aus.« Das geht aber wie gesagt nur, wenn eine Langfristigkeit vorhanden und eine Identifikation möglich ist. Ich bin für mich zu folgendem Schluss gekommen: Mit einem guten Unternehmen schaffe ich sowohl einen wirtschaftlichen als auch einen ethischen Mehrwert, wobei ethischer Mehrwert heißt, dass ich Vertrauen erzeuge, indem ich ein gutes Produkt anbiete und Innovationen fördere. Dabei kann es sich um ein Glas Wasser oder ein Auto handeln. Die Folge: Die Leute kaufen das Produkt. Man kann also sehr schön sehen, dass Wertschöpfung nicht nur mit einem wirtschaftlichen, sondern auch mit einem ethischen Mehrwert zusammenhängt.

Ist das Streben nach Rendite unmoralisch?

Ganz im Gegenteil. Wir müssen sehr viel Werbung dafür machen – gerade in den Schulen brauchen wir viel mehr Aufklärung über das Funktionieren von Wirtschaft –, dass gute Unternehmen auch gut verdienen. Rendite ist nichts Schlechtes, aber sie muss erarbeitet werden. Sie hat etwas mit Wertschöpfung zu tun. Was ich meine, ist, dass wir als Gesellschaft ein besseres Verständnis dafür entwickeln müssen, wo die Verantwortung des Einzelnen liegt, und dass wir diese ernst nehmen müssen. Ich habe es einmal so ausgedrückt: Systeme prägen, aber verantwortlich sind die Menschen, der Einzelne. Wenn wir diese persönliche Verantwortung nicht mehr wahrnehmen, dann fehlt etwas. Das ist ein Punkt, der meiner Meinung nach in der Managerzunft schon überhandgenommen hat. Dort heißt es: »Ich habe jetzt einen Fünf-Jahres-Vertrag, und wenn es nicht geht, dann nehme ich eben meine Abfindung. Ich komme auch woanders unter.« Diese Söldnermentalität, die wir aus der Bundesliga kennen, wird gefördert von einer Gesellschaft, die sich teilweise schon entsolidarisiert hat.

Eine Gesellschaft muss sich überlegen: Wie definieren wir Verantwortung? Das muss aus der Mitte der Gesellschaft kommen, sonst ist das ein völlig abstrakter Begriff, den man nicht versteht.

Die Gehälter-Debatte: Ist es sinnvoll, die Bezüge von Managern zu kürzen oder zu deckeln?

Wir diskutieren hier über objektive und subjektive Gerechtigkeit, da kommt man nie wirklich zu einer Lösung. Aber es gibt einen Punkt, den wir nicht vergessen dürfen. Wir haben über die Jahre hinweg das, was die Gesellschaft als gerecht erachtet, ignoriert. Wenn jetzt eine Diskussion darüber entbrannt ist, ob es in Ordnung ist, dass Richard S. Fuld, Chef der pleitegegangenen Investmentbank Lehman Brothers, im letzten Jahr knapp 500 Millionen Dollar verdient hat, dann nur, weil es dem normalen Gerechtigkeitsempfinden zuwiderläuft. Und wir dürfen dieses Gerechtigkeitsempfinden nicht einfach vernachlässigen.

Wir haben in Deutschland eine Schwierigkeit: Wir haben in der Vergangenheit diese gefühlte Gerechtigkeit im Sinne einer Abstandstheorie verstanden. Das Zehn- oder Zwanzigfache eines normalen Arbeitnehmereinkommens, das hat man als gerecht empfunden. Nun kam aber aus Amerika eine völlig andere Sichtweise, nach der man die Managergehälter als eine Art Preisgeld, so wie bei einem Golf- oder Tennisturnier, betrachtet.

Ich habe einmal eine sehr angeregte Diskussion mit einem der führenden Personaltheoretiker für Vergütungen in Amerika geführt und er hat gesagt: »Der kann ruhig 500 Millionen Dollar verdienen, weil das alle anderen anspornt, sich ebenfalls anzustrengen. Das ist völlig normal.« Aber das ist etwas, was in unserem Kulturraum in der Form eigentlich nicht üblich ist, und deshalb entbrennt die Diskussion darüber – von der ich glaube, dass sie wichtig ist. Aber wir können dabei nicht einfach von dem ausgehen, was wir in unserer Gesellschaft als gerecht empfinden. Das ist eine ganz andere Frage. Wir haben nämlich eines vergessen: Man kann viel über Gesellschaftskritik, über Gesellschaftstheorien und über Kapitalismuskritik lesen, aber nur wenig über die Ethik der Globalisierung. Doch die gehört einfach dazu.

Haben wir ein Wertevakuum?

Wir haben bisher wenig über den Orientierungsstress gesprochen, der in unserer Gesellschaft besteht. Das hängt damit zusammen, dass wir viele Einwanderer hatten. Wir haben festgestellt, dass wir sehr gut mit unseren muslimischen Nachbarn leben können, und dass wir sehr gut mit der Integration der neuen Bundesländer leben können, in denen noch maximal 25 Prozent der Menschen sich überhaupt zu einer Religion bekennen. Aber die Frage nach dem Stellenwert von Religion, dem Stellenwert von Werten ist nicht nur eine private, sondern auch eine politische, die sich massiv auf das auswirkt, was ich für meine Verantwortung halte, was ich tue und wo ich meine Grenzen ziehe. Das heißt konkret, dass wir eine Diskussion darüber brauchen, mit welchen Werten wir in dieser Gesellschaft vorangehen wollen, wie wir die Globalisierung bewältigen wollen und welche Stellung Deutschland in den nächsten 20 Jahren haben soll. Die politische Aufgabe, die sich daraus ergibt, ist die Förderung von wirtschaftlichem und gesellschaftlichem Vertrauen. Die gefühlte Unsicherheit und Ungerechtigkeit, die wir derzeit erleben, kommen nicht von ungefähr. Und wir können sie nicht einfach wegreden, sondern wir müssen uns ihnen und dem Wertevakuum stellen. Das heißt für mich: Investieren in Bildung, in Familien, aber auch ein Stück weit in die Glaubwürdigkeit des Wirtschaftssystems selbst.

Johannes Schwörer

»Ich möchte durch Innovation und Vorbildfunktion den Mitarbeitern zeigen, dass es nicht so dramatisch ist, wie es in der Presse dargestellt wird, und dass es sich lohnt, sich weiter für den Wirtschaftsstandort einzusetzen.«

Erfolgsfaktor Mitarbeiter

Jeder Chef, der ehrlich ist, wird zugeben, dass er nicht der Einzige im Unternehmen ist, der dafür sorgt, dass es der Firma gut geht. Es sind vielmehr die Leistungen aller Mitarbeiter, die den Unternehmenserfolg ermöglichen. Wenn ich sage »Ich will heute besonders gut mitarbeiten«, aber alle anderen dagegenhalten »Wir nicht«, dann wird es uns nicht mehr lange am Markt geben. Das heißt, letzten Endes wird ein Unternehmen nur mit seinen Mitarbeitern erfolgreich sein. Deshalb lohnt sich natürlich auch die Investition in die Mitarbeiter. Und genau deswegen sparen wir auch jetzt, in Zeiten, in denen es enger wird, nicht an dieser Stelle. Denn die einzige Chance des Mittelstandes besteht darin, innovativ zu sein. Wenn man jedoch an der Ausbildung seiner Mitarbeiter spart, dann kann keine Innovationskraft entstehen. Wir am Bau haben jetzt schon viele harte Jahre hinter uns, haben aber trotzdem immer sehr viel in unsere Leute investiert – und das hat sich gelohnt.

Gehen engagierte Menschen eher in den Mittelstand?

Das hoffe ich natürlich, denn das würde dem Mittelstand unheimlich Auftrieb geben, aber es stimmt nicht. Jeder, der sein Studium oder seine Ausbildung abschließt, überlegt sich, wie er sich am besten weiterentwickeln kann. Es ist auch häufig eine Frage des Glücks, welchen Arbeitsplatz man bekommt.

Jeder Betrieb, egal ob mittelständisches Unternehmen oder Großkonzern, hat seine Vorteile. Beim Mittelständler gehört dazu, dass er auf seine Mitarbeiter eher angewiesen ist als ein Großkonzern, einfach weil er nicht so viele hat, und entsprechend anders mit ihnen umgeht.

Ein Beispiel: Ich habe einen Freund, der hat in einem großen Unternehmen in leitender Funktion gearbeitet. Er hatte einen Fünf-Jahres-Vertrag und ging bis zum letzten Tag davon aus, dass dieser verlängert wird. Dann kam er in die fragliche Sitzung und man hat ihm mitgeteilt: »Tut uns leid, der Vertrag wird nicht verlängert.« Das hat natürlich eine miese Stimmung ausgelöst, nicht nur bei ihm selbst, sondern auch bei seinen Mitarbeitern. Da kann man doch keine Loyalität mehr erwarten! Denn egal bei welchem Unternehmen er sich zukünftig bewerben wird, er wird diesen Vorfall nie vergessen.

Wenn ich einen Manager einstelle und ihm sage »Nach drei Jahren kannst du wieder abhauen oder vielleicht auch nicht«, dann muss der ja schon nach zwei Jahren anfangen, sich Gedanken über seine Zukunft zu machen. Das können wir uns im Mittelstand nicht erlauben. Ganz im Gegenteil, ich versuche immer jedem Mitarbeiter klarzumachen, dass ich mit ihm zusammen in Rente gehen will, und dass ich darauf hoffe, dass er so lange bleibt. Ähnlich halte ich es mit unseren Angestellten, die auf zwei Jahre befristet eingestellt werden. Ich sage ihnen: »Leute, wenn ihr es richtig macht, dann seid ihr danach dabei.« Die sind dann in dieser Zeit besonders motiviert, weil sie wissen, dass sie in ein unbefristetes Arbeitsverhältnis übernommen werden, wenn sie die zwei Jahre gut nutzen.

Dr. Dr. Thomas Rusche

»Ich werde gut gekleidet die Ärmel hochkrempeln.«

Die Schuldigen der Finanzkrise

Offen gestanden befasse ich mich wenig damit, was Menschen links und rechts von mir falsch oder richtig machen. Meiner Überzeugung nach beginnt gesellschaftliche Verantwortung bei mir selbst. Ich bin überzeugter Katholik und glaube daran, dass der liebe Gott mir Talente mitgegeben hat, für die ich verantwortlich bin. Eines meiner Talente besteht darin, Männer besser anzuziehen. Und dementsprechend will ich als Herrenausstatter Erfolg haben. Das ist mein Spiel. Wenn Sie einem Fußballer erzählen, dass er keine Tore schießen darf, dann versteht er die Welt nicht mehr. Wir Unternehmer wollen Erfolg und mir kann keiner einreden, dass dies unmoralisch ist.

Ganz im Gegenteil: Wir sollten dankbar sein, dass es unser kapitalistisches System ermöglicht, über den individuellen Erfolg gesellschaftlichen Wohlstand zu produzieren. Wenn ich erfolgreich bin, als Mitarbeiter oder Unternehmer, dann partizipieren alle davon. Wir sollten uns nicht hinter systemischen Debatten verstecken, sondern das unternehmerische Schicksal – gerade in dieser Krise – mit all unseren Möglichkeiten selbst in die Hand nehmen. Beginnen wir doch damit, dass wir uns jeden Morgen ein bisschen besser anziehen. Denken wir daran, dass am Ende unser Erfolg der Erfolg aller ist.

Aber damit das funktioniert, gibt es mindestens zwei Nebenbedingungen. Ich denke da an Adam Smith, den Ahnherrn des Kapitalismus, der betont: »Das geht nur, wenn eine gerechte Rahmenordnung vorhanden ist.« Und das ist in der Tat die Pflicht und Schuldigkeit der von uns gewählten Politiker, für eine internationale Rahmenordnung zu sorgen, die das Globalisierungsstreben der Unternehmen auffängt. Uns fehlt ein solcher internationalisierter Rahmen, das sehen wir gerade jetzt in der Finanzkrise. Ich bin glücklich, dass unsere Regierung, die Europäische Union und die USA in so kurzer Zeit in der Lage waren, flickzuschustern! Nun hoffe ich, dass sie den Ruf der Stunde verstanden haben, eine internationale Rahmenordnung zu entwerfen, die uns Unternehmern bei unserem Erfolgsstreben Sicherheit und Orientierung gibt. Die zweite interessante Regel von Adam Smith: »Lieber Unternehmer, streb' nicht nur nach Erfolg, sondern öffne auch dein Herz für den anderen Menschen und denk dich in seine Situation hinein und fühle mit. Denn dann lieferst du die Produkte und Dienstleistungen, die der andere von dir erwartet.« Das Großartige an unserem System ist, dass wir es schaffen, Güter so zu produzieren und zu distribuieren, wie die Menschen es wollen – indem wir uns in ihre Bedürfnisse hineinversetzen. Das gilt auch für die Mitarbeiterführung. Wenn wir uns in die Wünsche und Sehnsüchte der Menschen im Unternehmen einfühlen, dann setzt das eine unglaubliche Kraft frei. Das kann man zum Beispiel bei gut geführten Fußballmannschaften beobachten. Sie sehen bei den Bayern, was ein guter Trainer ausmacht ... Wir brauchen Menschen, die nicht nur die Spieler aufs Feld stellen, sondern die aus einer inneren Überzeugung heraus die anderen mitreißen. Wenn wir das schaffen, dann ist diese Finanzkrise ein Appell an uns alle: »Lasst es uns in die Hand nehmen!« Das beginnt jeden Morgen mit der Wahl der richtigen Kleidung.

Die Gehälter-Debatte: Ist es sinnvoll, die Bezüge von Managern zu kürzen oder zu deckeln?

Ich glaube, das gehört als politische Beruhigungspille zur derzeitigen Kommunikationsstrategie, die man nach außen hin verkauft: Wenn der Staat Banken hilft, dann deckeln wir auch die Vorstandsgehälter. Ob der Staat jedoch ein Interesse daran haben kann, Spitzengehälter auf Dauer zu begrenzen mit der Folge, dass man nicht die qualifiziertesten Mitarbeiter bekommt, wage ich zu bezweifeln. Natürlich gibt es auch Exzesse, nämlich immer dann, wenn die Menschen nur noch ihr Ding machen und das Spiel des Erfolgs pervertieren. Das ist insbesondere dann der Fall, wenn keine sinnvolle Rahmenordnung vorgegeben ist und die individualethische Voraussetzung, sich in den anderen hineinzufühlen, nicht erfüllt wird. Noch ein Gedanke zu diesem Thema, den uns John Rawls, ein amerikanischer Gerechtigkeitsethiker, nahelegt: Wenn ein hoch bezahlter Spielführer beim Fußball es schafft, die Mannschaft mitzuziehen, wenn die am Boden Liegenden spüren, dass es sukzessive besser geht, dann sagen alle: »Er ist es wert.« Ich sage als mittelständischer Unternehmer: Die am Boden

Liegenden sind in der Bundesrepublik Deutschland – aus welchen Gründen auch immer – in den letzten Jahren sehr schlecht weggekommen. Sie hatten den geringsten Kaufkraftzufluss im europäischen Vergleich. Und wenn dann solche Spitzengehälter diskutiert werden, darf man sich nicht wundern, wenn es am Boden rumort. Das ist auch eine Aufgabe, die wir im Mittelstand haben – unseren Mitarbeitern ein Gehalt zu ermöglichen, mit dem sie vor sich selbst und vor anderen bestehen können.

Haben wir ein Wertevakuum?

Wenn wir in Unternehmen über die reine Erfolgsorientierung im Sinne der Gewinnmaximierung hinaus soziale und ökologische Anliegen integrieren wollen, bedarf es nicht nur einer globalen Rechtsordnung, sondern individualethischer Voraussetzungen, die bei jedem Einzelnen von uns beginnen. Wir alle, die wir hier sitzen, haben eine sehr klare Vorstellung davon, wo die nächste Urlaubsreise hingehen soll, welches das heißeste Auto ist – den besten Herrenausstatter habe ich Ihnen schon genannt. Aber oftmals haben wir keine Werte mehr, von denen wir überzeugt sind. Selbst wenn der eine oder andere noch voller Überzeugung zu einem Wert steht, redet er nicht darüber. Er spricht darüber nicht mit Freunden und im Zweifelsfall auch nicht mit seinen Kindern. Wir haben in den letzten hundert Jahren in unserem Gesellschaftssystem ein Wertevakuum zugelassen, aus dem wir wieder heraus müssen, indem wir uns fragen: Was ist uns im Leben über den täglichen Erfolg hinaus wirklich wichtig?

Wenn wir das nicht in die Unternehmen, in die Erziehung hineintragen, dann ist der Prozess, den wir gerade erleben, erst der Anfang. Denn jetzt wächst eine Generation heran, deren Eltern genau darüber schweigen. Wir sind also erstmalig in einer Situation, in der Kinder vielfach ohne eine werteorientierte Erziehung aufwachsen.

Danksagung

Unser besonderer Dank gilt allen Experten, allen Journalisten, Redakteuren und Reportern der *Süddeutschen Zeitung* sowie dem Kernteam des Expertenforums, allen voran Elisabeth Dostert, Sissy Gawlik, Hildegard Koppe, Claudia Mohr, Dr. Stephan Freber und Bernhard Michalowski. Unser Dank gilt auch all den Expertinnen und Experten sowie allen Kolleginnen und Kollegen, die das Expertenforum in mehr als sechzig Veranstaltungen deutschlandweit unterstützt und bekannt gemacht haben.

Marc Beise und Lutz Diederichs

Teilnehmer- und Autorenverzeichnis

Prof. Thomas Bauer

Prof. Thomas Bauer ist Vorstandsvorsitzender der Bauer AG sowie Präsident des Bayerischen Bauindustrieverbands, Vizepräsident des Hauptverbands der Deutschen Bauindustrie, Präsidiumsmitglied der Bundesvereinigung der Deutschen Arbeitgeberverbände und Vizepräsident der Vereinigung der Bayerischen Wirtschaft.

Dr. Marc Beise

Dr. Marc Beise ist Leiter der Wirtschaftsredaktion der *Süddeutschen Zeitung*, München.

Jan Bielicki

Jan Bielicki ist Lokalredakteur der *Süddeutschen Zeitung*, München.

Dr. Alexandra Borchardt

Dr. Alexandra Borchardt ist Chefin vom Dienst in der Wirtschaftsredaktion der *Süddeutschen Zeitung*, München.

Karl-Heinz Büschemann

Karl-Heinz Büschemann ist Wirtschaftsredakteur der *Süddeutschen Zeitung*, München.

Dagmar Deckstein

Dagmar Deckstein ist Wirtschaftskorrespondentin der *Süddeutschen Zeitung*, Stuttgart.

Lutz Diederichs

Lutz Diederichs ist Mitglied des Vorstandes der Bayerischen Hypo- und Vereinsbank AG sowie Mitglied des Executive Committee der UniCredit Corporate Banking Division.

Elisabeth Dostert

Elisabeth Dostert ist Wirtschaftsredakteurin der *Süddeutschen Zeitung*, München.

Björn Finke

Björn Finke ist Wirtschaftsredakteur der *Süddeutschen Zeitung*, München.

Thomas Fromm

Thomas Fromm ist Wirtschaftsredakteur der *Süddeutschen Zeitung*, München.

Cerstin Gammelin

Cerstin Gammelin ist Wirtschaftskorrespondentin der *Süddeutschen Zeitung*, Brüssel.

Sibylle Haas

Sibylle Haas ist Wirtschaftsredakteurin der *Süddeutschen Zeitung*, München.

Karl Haeusgen

Karl Haeusgen ist Sprecher des Vorstands der HAWE Hydraulik SE mit Sitz in München.

Alexander Hagelüken

Alexander Hagelüken ist leitender Wirtschaftsredakteur der *Süddeutschen Zeitung*, München.

Prof. Dr. Dr. Ulrich Hemel

Prof. Dr. Dr. Ulrich Hemel ist geschäftsführender Gesellschafter der Strategie und Wert Beratungs- und Beteiligungs-GmbH sowie Direktor des Instituts für Sozialstrategie in Laichingen.

Prof. Dr. Michael Hüther

Prof. Dr. Michael Hüther ist Direktor und Mitglied des Präsidiums des Instituts der deutschen Wirtschaft Köln (IW) sowie Mitglied zahlreicher wissenschaftlicher Einrichtungen.

Dr. Joachim Käppner

Dr. Joachim Käppner ist Leiter der Lokalredaktion der *Süddeutschen Zeitung*, München.

Daniela Kuhr

Daniela Kuhr ist Wirtschaftskorrespondentin der *Süddeutschen Zeitung*, Berlin.

Prof. Dr. Birger P. Priddat

Prof. Dr. Birger P. Priddat ist Inhaber des Lehrstuhls für Politische Ökonomie an der privaten Universität Witten/Herdecke.

Dr. Michael Rogowski

Dr. Michael Rogowski ist Vorsitzender des Aufsichtsrats und des Gesellschafterausschusses der Voith AG, Heidenheim sowie ehemaliger Präsident des Bundesverbands der Deutschen Industrie (BDI).

Dr. Dr. Thomas Rusche

Dr. Dr. Thomas Rusche ist alleiniger geschäftsführender Gesellschafter des Herrenausstatters SØR Rusche GmbH und führt das Familienunternehmen in der vierten Generation. Er ist zudem Kurator des Hans-Jonas-Zentrums, Berlin und als Gründungsmitglied Leiter der angeschlossenen Forschungsgruppe Ethik und Wirtschaft im Dialog (EWD).

Ulrich Schäfer

Ulrich Schäfer ist Leiter der Wirtschaftsredaktion der *Süddeutschen Zeitung*, München.

Hartmut Schauerte

Hartmut Schauerte ist parlamentarischer Staatssekretär im Bundesministerium für Wirtschaft und Technologie sowie Beauftragter der Bundesregierung für den Mittelstand.

Peter Schöffel

Peter Schöffel ist geschäftsführender Gesellschafter der Schöffel Sportbekleidung GmbH. Das 1804 gegründete Unternehmen mit Sitz in Schwabmünchen befindet sich nach wie vor zu 100 Prozent in Familienbesitz.

Martin Schulz

Martin Schulz ist Vorsitzender der Sozialdemokratischen Fraktion im Europäischen Parlament, Straßburg und Brüssel.

Johannes Schwörer

Johannes Schwörer ist geschäftsführender Gesellschafter der Schwörer Haus KG sowie Präsident des Hauptverbands der Deutschen Holz und Kunststoffe verarbeitenden Industrie und verwandter Industriezweige (HDH).

Marc Steinhäuser

Marc Steinhäuser war freier Mitarbeiter in der Wirtschaftsredaktion der *Süddeutschen Zeitung*, München.

Stefan Weber

Stefan Weber ist Wirtschaftskorrespondent der *Süddeutschen Zeitung*, Düsseldorf.